www.ingramcontent.com/pod-product-compliance
Lightning Source LLC
LaVergne TN
LVHW010159070526
838199LV00062B/4417
*9789369089116*

# ترجمہ قرآن مجید

## حصہ چہارم: الزخرف تا الناس

### میر محمد اسحاق

مرتبہ اعجاز عبید

© Taemeer Publications LLC
**Quran Tarjuma Meer Ishaq – Part:4** *(Quran Urdu Translation)*
by: Meer Mohammed Ishaq
Edition: April '2025
Publisher :
*Taemeer Publications LLC* (Michigan, USA / Hyderabad, India)

ISBN 978-93-6908-911-6

مترجم یا مرتب یا ناشر کی پیشگی اجازت کے بغیر اس کتاب کا کوئی بھی حصہ کسی بھی شکل میں بشمول ویب سائٹ پر اَپ لوڈنگ کے لیے استعمال نہ کیا جائے۔ نیز اس کتاب پر کسی بھی قسم کے تنازع کو نمٹانے کا اختیار صرف حیدرآباد (تلنگانہ) کی عدلیہ کو ہو گا۔

© تعمیر پبلی کیشنز

| | | |
|---|---|---|
| کتاب | : | **قرآن ترجمہ میر اسحاق** (سورہ الزخرف تا الناس) |
| مترجم | : | **میر محمد اسحاق** |
| جمع و ترتیب | : | اعجاز عبید |
| صنف | : | ترجمہ قرآن |
| ناشر | : | تعمیر پبلی کیشنز (حیدرآباد، انڈیا) |
| سالِ اشاعت | : | ۲۰۲۵ء |
| صفحات | : | ۲۵۴ |

1

# فہرست

۴۳۔ الزخرف........................................ 7

۴۴۔ الدخان........................................ 19

۴۵۔ الجاثیہ........................................ 25

۴۶۔ الأحقاف........................................ 31

۴۷۔ محمد........................................ 39

۴۸۔ الفتح........................................ 46

۴۹۔ الحجرات........................................ 53

۵۰۔ ق........................................ 57

۵۱۔ الذاریات........................................ 63

۵۲۔ الطور........................................ 69

۵۳۔ النجم........................................ 74

| | |
|---|---|
| ٥٤ـ القمر | 80 |
| ٥٥ـ الرحمن | 86 |
| ٥٦ـ الواقعة | 94 |
| ٥٧ـ الحديد | 101 |
| ٥٨ـ المجادلة | 107 |
| ٥٩ـ الحشر | 112 |
| ٦٠ـ الممتحنة | 117 |
| ٦١ـ الصف | 121 |
| ٦٢ـ الجمعة | 124 |
| ٦٣ـ المنافقون | 127 |
| ٦٤ـ التغابن | 130 |
| ٦٥ـ الطلاق | 134 |
| ٦٦ـ التحريم | 138 |
| ٦٧ـ الملك | 142 |

| | |
|---|---|
| ٦٨- القلم | 147 |
| ٦٩- الحاقة | 152 |
| ٧٠- المعارج | 156 |
| ٧١- نوح | 160 |
| ٧٢- الجن | 164 |
| ٧٣- المزمل | 168 |
| ٧٤- المدثر | 171 |
| ٧٥- القيامة | 175 |
| ٧٦- الإنسان | 179 |
| ٧٧- المرسلات | 183 |
| ٧٨- النبأ | 187 |
| ٧٩- النازعات | 191 |
| ٨٠- عبس | 195 |
| ٨١- التكوير | 198 |

| | |
|---|---|
| 82- الإنفطار | 200 |
| 83- المطففين | 202 |
| 84- الإنشقاق | 205 |
| 85- البروج | 207 |
| 86- الطارق | 209 |
| 87- الأعلى | 211 |
| 88- غاشية | 213 |
| 89- الفجر | 215 |
| 90- البلد | 218 |
| 91- الشمس | 220 |
| 92- الليل | 222 |
| 93- الضحى | 224 |
| 94- الشرح | 226 |
| 95- التين | 227 |

| | |
|---|---|
| 96- العلق | 228 |
| 97- القدر | 230 |
| 98- البينة | 231 |
| 99- الزلزلة | 233 |
| 100- العاديات | 234 |
| 101- القارعة | 235 |
| 102- التكاثر | 236 |
| 103- العصر | 237 |
| 104- الهمزة | 238 |
| 105- الفيل | 239 |
| 106- قريش | 240 |
| 107- الماعون | 241 |
| 108- الكوثر | 242 |
| 109- الكافرون | 243 |

110- النصر ................................ 244

111- المسد ................................ 246

112- الإخلاص ............................ 247

113- الفلق ................................ 248

114- الناس ................................ 250

# ۴۳۔ الزخرف

بِسۡمِ اللّٰہِ الرَّحۡمٰنِ الرَّحِیۡمِ

اللہ کے نام سے جو رحمان ورحیم ہے

۱. حٰمٓ

۲. قسم ہے اس کتاب کی جو کہ کھول کھول کر بیان والی ہے

۳. ہم ہی نے اس کو بنایا ہے قرآن عربی زبان کا تاکہ تم لوگ سمجھو

۴. اور بلاشبہ یہ اصل کتاب میں ثبت ہے ہمارے یہاں بڑے ہی مرتبے والی حکمت
بھری کتاب ہے

۵. تو کیا ہم تم سے اس نصیحت کو اس لئے پھیر دیں گے کہ تم لوگ حد سے گزرنے
والے ہو؟

۶. اور ہم نے کتنے ہی پیغمبر بھیجے (ان سے) پہلے لوگوں میں

۷. مگر ان کے پاس جو بھی کوئی پیغمبر آیا تو انہوں نے اس کا مذاق ہی اڑایا

۸. آخرکار ہم نے ہلاک کر ڈالا ان کو جو طاقت میں (موجودہ دور کے منکرین حق سے)
کہیں بڑھ کر سخت تھے اور گزر چکیں مثالیں پہلوں کی

۹. اور اگر آپ ﷺ ان سے پوچھیں کہ کس نے پیدا کیا آسمانوں اور زمین (کی اس کائنات) کو تو یہ ضرور بالضرور یہی جواب دیں گے کہ ان سب کو اسی زبردست علم والی ہستی نے پیدا کیا ہے

۱۰. جس نے بنا دیا تمہارے لئے (اپنی قدرت کاملہ اور حکمت بالغہ سے) اس زمین کو ایک عظیم الشان بچھونا اور کھول دیئے اس میں طرح طرح کے راستے تاکہ تم لوگ راہ پا سکو (اپنی منزل مقصود تک رسائی کی)

۱۱. اور جس نے اتارا آسمان سے پانی ایک خاص اندازے کے ساتھ پھر جلا اٹھایا ہم نے اس کے ذریعے مردہ (اور ویران پڑی) زمین کو اسی طرح نکالا جائے گا تم لوگوں کو (تمہاری قبروں سے)

۱۲. اور جس نے پیدا فرمائے (قسما قسم کے) یہ تمام جوڑے اور اس نے بنا دیں تمہارے (طرح طرح کے فائدوں کے) لئے یہ کشتیاں (اور بحری جہاز) اور پیدا کر دیئے تمہارے (طرح طرح کے منافعوں کے) لئے وہ چوپائے جن پر تم لوگ سوار ہوتے ہو

۱۲. تاکہ تم ٹھیک (اور آرام دہ طریق سے) بیٹھو ان کی پیٹھوں پر پھر یاد کرو اپنے رب کے ان انعامات کو جن سے اس نے تم لوگوں کو نوازا ہے (اپنے فضل و کرم سے) پھر جب تم اس پر برابر بیٹھ جاؤ اور یوں کہو کہ پاک ہے وہ ذات جس نے (اپنے کرم سے) ہمارے تابع کر دیا اس سواری کو ورنہ ہم ایسے نہ تھے کہ از خود اس کو اپنے قابو میں لے آتے

۱۴. اور یقینی طور پر ہم سب کو بہر حال اپنے رب ہی کی طرف لوٹ کر جانا ہے

۱۵. مگر (اس سب کے باوجود) لوگوں نے اس کے کچھ بندوں کو اس کا جز بنا ڈالا واقعی انسان بڑا کھلا ناشکرا ہے

۱۶.     کیا اس نے اپنے لئے تو اپنی مخلوق میں سے .بیٹیاں چن لیں اور تمہیں بیٹوں سے نواز دیا؟

۱۷.     اوران لوگوں کا اپنا حال یہ ہے کہ جب ان میں سے کسی کو اس چیز کی خوشخبری دی جاتی ہے .جس کو وہ خود (خدائے) رحمان کی طرف منسوب کرتا ہے تو اس کا چہرہ سیاہ ہو جاتا ہے اور وہ کڑھنے لگتا ہے

۱۸.     کیا اس کے لئے تم وہ مخلوق تجویز کرتے ہو جو زیوروں (اور آسائش و زیبائش) میں پروان چڑھے ؟ اور وہ بحث و حجت میں (اپنا مدعا بھی) پوری طرح واضح نہ کر سکے ؟

۱۹.     نیز (اسی طرح) انہوں نے فرشتوں کو جو خدائے رحمان کے بندے ہیں عورتیں قرار دے دیا کیا یہ لوگ ان کی پیدائش کے وقت وہاں موجود تھے ؟ ان کی گواہی لکھ لی جائے گی اور ان کو اس کی جواب دہی کرنا ہوگی

۲۰.     اور کہتے ہیں کہ اگر (خدائے) رحمان چاہتا تو ہم کبھی ان کی پوجا نہ کرتے ان کو اس بارے میں کچھ علم نہیں یہ تو محض اٹکلیں دوڑاتے ہیں

۲۱.     کیا ہم نے ان کو اس سے پہلے کوئی کتاب دے رکھی ہے .جس کو یہ تھامے بیٹھے ہیں ؟

۲۲.     (کچھ بھی نہیں) بلکہ یہ تو بس یہی کہے جا رہے ہیں کہ ہم نے اپنے باپ دادا کو ایک طریقے پر پایا ہے اور ہم ان ہی کے نقش قدم پر چلے جا رہے ہیں

۲۲.     اور اسی طرح ہم نے آپ سے پہلے جس بستی میں بھی کوئی نذیر بھیجا تو اس کے خوشحال لوگوں نے یہی کہا کہ ہم نے اپنے باپ دادا کو ایک طریقے پر پایا اور ہم بھی انہی کے نقش قدم کی پیروی کئے جا رہے ہیں

۲۴۔ پیغمبر نے کہا کیا (تم اسی ڈگر پر چلے جاؤ گے) اگرچہ میں تمہارے پاس اس سے کہیں بہتر طریقہ لے آؤں جس پر تم نے اپنے باپ دادا کو پایا ہے؟ تو ان لوگوں نے جواب دیا کہ ہم تو بہر حال اس طریقے کے قطعی طور پر منکر ہیں جس کو دے کر تمہیں بھیجا گیا ہے

۲۵۔ آخر کار ہم نے ان سے بدلہ لیا (تکذیب اور انکارِ حق کے سنگین جرم کا) پھر دیکھو کیسا ہوا انجام جھٹلانے والوں کا؟

۲۶۔ اور (وہ بھی یاد کرو کہ) جب ابراہیم نے کہا (اپنی مشرک قوم کو خطاب کرتے ہوئے) کہ میں قطعی طور پر بیزار (و بری) ہوں ان سب سے جن کی پوجا تم لوگ کر رہے ہو

۲۷۔ سوائے اس ذات کے جس نے مجھے پیدا کیا کہ بلا شبہ وہی مجھے راہ دکھائی گی

۲۸۔ اور یہی بات ابراہیم اپنے پیچھے بھی چھوڑ گئے تاکہ لوگ رجوع کرتے رہیں (حق کی طرف)

۲۹۔ (پھر بھی ان لوگوں کے کفر پر میں نے ان کو مٹایا نہیں) بلکہ میں تو برابر سامان زندگی دیتا رہا ان کو بھی اور ان کے باپ دادا کو بھی یہاں تک کہ آ گیا ان کے پاس یہ (صاف و صریح) حق اور کھول کھول کر سنانے والا عظیم الشان رسول

۳۰۔ مگر جب وہ حق ان کے پاس پہنچ گیا تو یہ کہنے لگے یہ تو جادو ہے اور ہم نے تو ہر قیمت پر اس کا انکار ہی کرنا ہے

۳۱۔ اور کہا کہ کیوں نہ اتارا گیا اس قرآن کو (مکہ اور طائف کی) ان دو بستیوں میں کے کسی بڑے شخص پر؟

۳۲۔ کیا تیرے رب کی رحمت یہ لوگ تقسیم کرتے ہیں؟ (جو یہ ایسی بڑکیں مارتے ہیں) ہم نے تو ان کے درمیان ان کی گزر بسر کے ذرائع کو بھی تقسیم کر دیا ہے ان کی اس دنیاوی

زندگی میں اوران میں سے بعض کو بعض پر فوقیت دے دی درجات (و مراتب) کے اعتبار سے تاکہ یہ ایک دوسرے سے خدمت لے سکیں اور تمہارے رب کی رحمت تو بہر حال کہیں زیادہ بہتر ہے ان چیزوں سے جن کو (جوڑنے اور) جمع کرنے میں یہ لوگ لگے ہوئے ہیں

۲۲. اوراگر نہ ہوتی یہ بات (اور خدشہ واندیشہ نہ ہوتا اس امر کا) کہ سب لوگ ایک ہی طریقے (یعنی کفر) پر ہو جائیں گے تو ہم ان لوگوں کو بھی جو (خدائے) رحمان کے ساتھ کفر کرتے ہیں (اتنی دنیا دے دیتے کہ) ان کے گھر کی چھتیں اور وہ سیڑھیاں بھی جن پر یہ لوگ چڑھتے (اترتے) ہیں چاندی کی کر دیتے

۲۴. اوران کے گھروں کے دروازے اور وہ تخت بھی جن پر یہ تکیے لگا کر بیٹھتے ہیں

۲۵. اور سونے کے بھی کیونکہ یہ سب کچھ تو محض دنیاوی زندگی کا (چند روزہ) سامان ہے اور آخرت (جو کہ اس سے کہیں بہتر ہے) تمہارے رب کے یہاں بہر حال پرہیزگاروں ہی کے لئے ہے

۲۶. اور جو کوئی اندھا بن جاتا ہے (خدائے) رحمان کی یاد (دلشاد) سے تو ہم مسلط کر دیتے ہیں اس پر ایک شیطان کو (اس کے سوء اختیار کی بناء پر) پھر وہ اس کا (ہر وقت کا) ساتھی ہو جاتا ہے

۲۷. اور یہ (شیاطین) ایسے لوگوں کو طرح طرح سے روکتے ہیں راہ (حق) سے مگر وہ (اپنی شومی قسمت سے) یہ سمجھتے ہیں کہ وہ راہ راست پر ہیں

۳۸.　یہاں تک کہ جب ایسا شخص ہمارے پاس آپہنچے گا تو (اپنے اس ساتھی سے) کہے گا کہ اے کاش کہ میرے اور تیرے درمیان مشرق اور مغرب کی دوری ہوتی کہ تو بڑا ہی برا ساتھی ہے

۳۹.　اور (اس وقت ان سے کہا جائے گا کہ دنیا میں) جب تم لوگ ظلم ہی پر ہی کمر بستہ رہے تو اب تمہیں اس بات سے کوئی فائدہ نہیں پہنچے گا کہ تم سب اس عذاب میں باہم شریک ہو

۴۰.　کیا آپ سنا سکتے ہیں بہروں کو؟ یا آپ راستہ دکھا سکتے ہیں اندھوں کو؟ اور ان کو جو (ڈوبے پڑے) ہیں کھلی گمراہی میں؟

۴۱.　پھر اگر ہم آپ کو (دنیا سے) لے جائیں تب بھی ہم نے ان سے (ان کے کئے کرائے کا) بدلہ لے کر رہنا ہے

۴۲.　یا ہم اگر آپ کو دکھلا دیں وہ (عذاب) جس کا وعدہ ہم نے ان سے کر رکھا ہے تب بھی (کوئی فرق نہیں پڑتا کہ) ہم ان پر بہرحال پوری طرح قابو رکھتے ہیں

۴۳.　پس آپ مضبوطی سے تھامے رکھیں اس (دین حق) کو جس کی وحی آپ کی طرف کی گئی ہے بلاشبہ آپ سیدھی راہ پر ہیں

۴۴.　بلاشبہ یہ قرآن ایک بڑا شرف ہے آپ ﷺ کے لئے بھی اور آپ ﷺ کی قوم کے لئے بھی اور عنقریب ہی تم سب سے اس کے بارے میں پوچھا جائے گا

۴۵.　اور پوچھ لیجئے آپ ﷺ (اے پیغمبر) ہمارے ان تمام رسولوں سے جن کو ہم آپ ﷺ سے پہلے بھیج چکے ہیں کیا ہم نے (خدائے) رحمان کے سوا کچھ دوسرے ایسے معبود مقرر کئے تھے جن کی بندگی کی جائے؟

۴۶.　اور بلاشبہ ہم ہی نے بھیجا موسیٰ کو اپنی نشانیوں کے ساتھ فرعون اور اس کے سرداروں کی طرف تو انہوں نے (ان سے) کہا کہ بیشک میں رسول ہوں پروردگار عالم کی طرف سے

۴۷.　مگر جب آپ پہنچ گئے ان لوگوں کے پاس ہماری ان نشانیوں کے ساتھ تو وہ لوگ چھوٹتے ہی ان کی ہنسی اڑانے لگے

۴۸.　اور ہم ان کو جو بھی کوئی نشانی دکھاتے وہ اپنے سے پہلے والی نشانی سے کہیں بڑھ کر ہوتی اور (اس طرح) ہم ان کو پکڑتے رہے عذاب میں تاکہ وہ باز آجائیں

۴۹.　اور وہ (ہر موقع پر) کہتے اے جادوگر! دعا کر ہمارے لئے اپنے رب سے اپنے اس عہد کی بناء پر جو اس نے تم سے کر رکھا ہے ہم ضرور بالضرور ہدایت پر آجائیں گے

۵۰.　مگر جب ہم دور کر دیتے ان سے اس عذاب کو تو وہ یکایک اپنا عہد توڑ دیتے

۵۱.　اور فرعون نے اپنی قوم میں پکار کر کہا کہ اے میری قوم کیا مصر کی بادشاہی میری نہیں ہے اور یہ نہریں میرے نیچے نہیں بہہ رہی ہیں؟ تو کیا (یہ سب کچھ دیکھنے کے بعد بھی) تمہاری آنکھیں نہیں کھلتیں؟

۵۲.　کیا میں بہتر نہیں ہوں اس شخص سے جو کہ ذلیل ہے اور جو (اپنی بات بھی) کھول کر بیان نہیں کر سکتا؟

۵۲.　سو (اگر یہ سچا ہے اپنے دعوے میں تو) کیوں نہیں اتار دیے گئے اس پر کنگن سونے کے؟ یا کیوں نہیں اتر آئے اس کی اردل میں فرشتے پرے باندھ کر؟

۵۴.　سو اس نے ہلکا (اور بے وقوف) بنا لیا اپنی قوم کو اور انہوں نے اس کی بات مان لی اور وہ تھے ہی فاسق (و بدکار) لوگ

۵۵.	سو جب یہ لوگ ہمیں (ناراض کرتے اور) غصہ ہی دلاتے گئے تو آخر کار ہم نے ان سے انتقام (اور بدلہ) لیا (ان کے اس سنگین جرم کا) سو ہم نے غرق کر دیا ان سب کو

۵۶.	ہم نے ان کو ایک قصہ پارینہ اور نمونہ عبرت بنا دیا پچھلوں کے لئے

۵۷.	اور جونہی ابن مریم کی مثال بیان کی گئی تو آپ ﷺ کی قوم کے لوگ اس سے چلا اٹھے

۵۸.	اور کہنے لگے کیا ہمارے معبود بہتر ہیں یا وہ؟ اس کا ذکر بھی انہوں نے آپ سے محض جھگڑنے کے لئے کیا (اور یہ کوئی ایک دفعہ کی بات نہیں تھی) بلکہ یہ لوگ ہیں ہی جھگڑالو

۵۹.	وہ (ابن مریم) تو محض ایک بندہ تھا جس پر ہم نے انعام کیا تھا اور اس کو ہم نے ایک نمونہ بنا دیا تھا بنی اسرائیل کے لئے

۶۰.	اور اگر ہم چاہیں تو تم سے بھی فرشتے پیدا کر دیں (اے لوگو!) جو زمین میں تمہاری جگہ رہیں

۶۱.	اور بیشک وہ ایک عظیم الشان نشانی ہے قیامت کی پس تم لوگ کبھی اس کے بارے میں شک نہیں کرنا اور میری پیروی کرو یہ ہے سیدھا راستہ

۶۲.	اور (خبردار!) تمہیں شیطان روکنے نہ پائے (راہ حق و صواب سے) بیشک وہ تمہارا دشمن ہے کھلم کھلا

۶۲.	اور جب آ گئے عیسیٰ کھلے دلائل کے ساتھ تو آپ نے (بنی اسرائیل کو مخاطب کرتے ہوئے) کہا کہ بلا شبہ میں تمہارے پاس آ گیا ہوں حکمت کے ساتھ (تاکہ تمہاری اصلاح کروں) اور تاکہ تمہارے سامنے کھول کر بیان کر دوں بعض ان چیزوں کی حقیقت

جن کے بارے میں تم لوگ اختلاف میں پڑے ہو پس تم لوگ اللہ سے ڈرو اور میری اطاعت (وفرمانبرداری) کرو

۶۴. بیشک اللہ جو ہے وہی رب ہے میرا بھی اور رب ہے تمہارا بھی یہی ہے سیدھا راستہ

۶۵. مگر (اس کے باوجود) ان کے مختلف گروہ آپس میں اختلاف ہی میں پڑے رہے سو بڑی تباہی اور خرابی ہے ان لوگوں کے لئے جو ظلم ہی پر اڑے رہے ایک بڑے ہی دردناک دن کے عذاب سے

۶۶. تو کیا اب یہ لوگ قیامت ہی کی انتظار میں ہیں کہ وہ ان پر ایسی اچانک ٹوٹ پڑے کہ ان کو خبر تک نہ ہو؟

۶۷. اس دن گہرے دوست بھی آپس میں ایک دوسرے کے دشمن ہو جائیں گے سوائے پرہیزگار لوگوں کے

۶۸. اے میرے بندوں (اب خوش رہو) نہ تو تم پر کوئی خوف ہوگا اور نہ ہی تمہیں کوئی غم لاحق ہوگا

۶۹. (یہ وہ ہوں گے) جو ایمان لائے ہوں گے ہماری آیتوں پر اور وہ فرمانبردار رہے ہوں گے

۷۰. (ان سے کہا جائے گا کہ) داخل ہو جاؤ جنت میں تم بھی اور تمہاری بیویاں بھی تمہیں (ہر طرح سے) خوش رکھا جائے گا

۷۱.   ان کے آگے سونے کے تھال اور (مشروبات بھرے) ساغر گردش کرائے جا رہے ہوں گے اور ان کو وہاں ہر وہ چیز ملے گی جو ان کے جی چاہیں گے اور جس سے آنکھوں کو لذت حاصل ہو گی اور (ان کو یہ بھی کہا جائے گا کہ) تم یہاں ہمیشہ رہو گے

۷۲.   اور (ان سے مزید کہا جائے گا کہ) یہی ہے وہ جنت جس کا تم کو وارث بنا دیا گیا تمہارے ان اعمال کے بدلے میں جو تم لوگ (دنیا میں) کرتے رہے تھے

۷۳.   تمہارے لئے وہاں پر ہر طرح کے پھل بکثرت موجود ہوں گے جن سے تم کھاؤ گے

۷۴.   رہے مجرم لوگ تو انہوں نے بلاشبہ ہمیشہ کے لئے جہنم کے عذاب میں رہنا ہو گا

۷۵.   ان سے وہ (عذاب) ہلکا بھی نہیں کیا جائے گا اور وہ اسی میں ہر طرح سے مایوس پڑے رہیں گے

۷۶.   اور ہم نے ان پر کوئی ظلم نہیں کیا بلکہ وہ لوگ خود ہی (اپنے اوپر) ظلم کرتے رہے تھے

۷۷.   اور وہ پکاریں گے کہ اے مالک! (درخواست کرو کہ) تمہارا رب ہمارا کام ہی تمام کر دے وہ جواب دے گا کہ تمہیں تو ہمیشہ اسی حال میں رہنا ہے

۷۸.   بلاشبہ ہم نے تمہارے پاس حق پہنچایا مگر تم میں سے اکثر لوگ تو حق سے نفرت ہی کرتے رہے

۷۹.   کیا انہوں نے کوئی بات طے کر دی ہے سو ہم بھی طے کرنے والے ہیں (ایک بات)

۸۰.  کیا انہوں نے یہ سمجھ رکھا ہے کہ ہم نہیں سنتے (جانتے) ان کی رازکی باتوں اور ان کی سرگوشیوں کو؟ کیوں نہیں؟ اور (مزید یہ کہ) ہمارے فرشتے بھی ان کے پاس لکھتے جا رہے ہیں

۸۱.  (ان سے) کہو کہ اگر (بالفرض خدائے) رحمان کی کوئی اولاد ہوتی تو سب سے پہلے میں عبادت کرنے والا ہوتا

۸۲.  پاک ہے فرماں روا آسمانوں اور زمین کا جو کہ مالک ہے عرش کا ان تمام باتوں سے جو یہ لوگ بناتے ہیں

۸۲.  پس چھوڑ دو ان کو کہ یہ پڑے رہیں اپنی بے ہودہ باتوں میں اور لگے رہیں اپنے کھیل تماشے میں یہاں تک کہ یہ خود دیکھ لیں اپنے اس (ہولناک) دن کو جس سے ان کو ڈرایا جا رہا ہے

۸۴.  اور وہ (اللہ) وہی ہے جو کہ معبود برحق ہے آسمان میں بھی اور زمین میں بھی اور وہی ہے بڑا حکمت والا سب کچھ جانتا

۸۵.  اور بڑی ہی برکت والی ہے وہ ذات جس کی بادشاہی (و فرمانروائی) ہے آسمانوں اور زمین میں اور اس (ساری کائنات) میں جو کہ ان دونوں کے درمیان ہے اسی کے پاس ہے قیامت کا علم اور اسی کی طرف لوٹ کر جانا ہے تم سب کو (اے لوگو!)

۸۶.  اور اس کے سوا جن کو یہ لوگ پوجتے پکارتے ہیں وہ تو کسی کی شفاعت کا بھی اختیار نہیں رکھتے مگر جنہوں نے حق کی گواہی بھی دی ہو اور وہ علم بھی رکھتے ہوں

۸۷.  اور اگر آپ ان سے پوچھیں کہ کس نے پیدا کیا ان کو؟ تو یہ سب ضرور بالضرور یہی کہیں گے کہ اللہ ہی نے پھر یہ کہاں پھیرے جا رہے ہیں؟

۸۸۔    اور (مجھے) قسم ہے رسول کے اس قول کی کہ اے میرے رب یہ ایسے لوگ ہیں جو ایمان لانے والے نہیں

۸۹۔    پس آپ ان سے درگزر ہی کرتے جائیں اور کہیں کہ سلام ہے (تم سب کو اے لوگو!) سو عنقریب ہی انہیں خود معلوم ہو جائے گا

***

# ۴۴۔ الدخان

بِسْمِ اللّٰهِ الرَّحْمٰنِ الرَّحِيْمِ

اللہ کے نام سے جو رحمان ورحیم ہے

۱. حٰمٓ

۲. قسم ہے اس کتاب کی جو کھول کر بیان کرنے والی ہے

۲. بلاشبہ ہم نے ہی اتارا ہے اس (کتاب حکیم) کو ایک بڑی ہی بابرکت رات میں کہ ہمیں بہرحال خبردار کرنا ہے

۴. جس میں فیصلہ کیا جاتا ہے ہر حکمت والے کام کا

۵. ہمارے حکم کی بناء پر بیشک ہمیں رسول بھیجنا تھا

۶. تیرے رب کی عظیم الشان رحمت کی بناء پر بلاشبہ وہی ہے جو (ہر کسی کی) سنتا (سب کچھ) جانتا ہے

۷. جو کہ رب ہے آسمانوں اور زمین کا اور اس (ساری کائنات) کا جو کہ ان دونوں کے درمیان ہے اگر تم یقین کرنے والے ہو

۸. اس کے سوا کوئی معبود نہیں وہی زندگی بخشتا ہے اور اسی کا کام ہے موت دینا وہی رب ہے تمہارا بھی اور تمہارے اگلے باپ دادوں کا بھی

۹. (مگر ان کو یقین پھر بھی نہیں) بلکہ وہ شک میں پڑے کھیل رہے ہیں

۱۰. پس آپ انتظار کیجئے اس دن کا جب کہ آسمان ایک ایسا ظاہر دھواں لئے ہوئے آئے گا

۱۱. جو کہ چھا جائے گا ان سب لوگوں پر یہ ایک بڑا دردناک عذاب ہو گا

۱۲. (اس دن یہ کہیں گے) اے ہمارے رب دور فرما دے ہم سے اس عذاب کو ہم یقیناً ایمان لانے والے ہیں

۱۲. (مگر) کہاں (اور کیسے) کام آئے ان کو نصیحت حالانکہ (اس سے پہلے) ان کے پاس آ چکے (حق اور حقیقت کو) کھول کر بیان کرنے والے ایک عظیم الشان رسول

۱۴. پھر بھی یہ لوگ پھرے ہی رہے (راہ حق وہدایت سے) اور کہا کہ یہ تو ایک سکھایا پڑھایا دیوانہ ہے

۱۵. بیشک ہم (اتمام حجت کے لئے) ہٹائے دیتے ہیں اس عذاب کو تھوڑے عرصے کے لئے مگر تم لوگ یقیناً پھر وہی کرو گے جو پہلے کرتے تھے

۱۶. (اور یاد کرو اس دن کو کہ) جب ہم پکڑیں گے اس بڑی سخت پکڑ میں کہ یقیناً ہم نے (بدلہ و) انتقام لینا ہے (مجرموں سے)

۱۷. اور بلاشبہ ہم ان سے پہلے آزمائش میں ڈال چکے ہیں فرعون کی قوم کو بھی اور ان کے پاس بھی ایک رسول آیا بڑا عزت والا

۱۸. (اس پیغام کے ساتھ) کہ میرے حوالے کر دو تم لوگ اللہ کے بندوں کو بیشک میں رسول ہوں (اس کا) تمہاری طرف امانت دار

۱۹. اور سرکشی مت کرو تم اللہ کے مقابلے میں بیشک میں آیا ہوں تمہارے پاس ایک کھلی سند کے ساتھ

۲۰۔ اور بیشک میں نے پناہ لے رکھی ہے اس کی جو کہ رب ہے میرا بھی اور تمہارا بھی اس بات سے کہ تم مجھے سنگسار کرو

۲۱۔ اور اگر تم مجھ پر ایمان نہیں لاتے تو مجھ سے الگ ہو جاؤ

۲۲۔ آخر کار موسیٰ نے اپنے رب کو پکار کر عرض کیا کہ (مالک!) یہ لوگ تو پکے مجرم ہیں

۲۳۔ (جواب ملا کہ) اچھا تو پھر تم راتوں رات نکل جاؤ (یہاں سے) میرے بندوں کو اپنے ساتھ لے کر تمہارا پیچھا بہر حال کیا جائے گا

۲۴۔ اور (اسی طرح) چھوڑ دینا سمندر کو تھما ہوا کیونکہ (دشمن کے) اس سارے لشکر نے (وہیں) غرق ہونا ہے

۲۵۔ سو ان لوگوں نے چھوڑ دیے کتنے ہی باغ اور چشمے

۲۶۔ کھیتیاں اور عمدہ مکانات

۲۷۔ اور نعمت کے وہ ساز و سامان جن میں یہ لوگ مزے کیا کرتے تھے

۲۸۔ اسی طرح ہوا اور ہم نے وارث بنا دیا (اپنی قدرت و عنایت سے) ان چیزوں کا ایک دوسری قوم کو

۲۹۔ پھر نہ تو ان پر آسمان رویا نہ زمین اور نہ ہی ان کو کوئی مہلت ہی ملنے والی تھی

۳۰۔ اور بلاشبہ ہم ہی نے نجات دی بنی اسرائیل (جیسی گھسی پٹی قوم) کو اس رسوا کن عذاب سے

۳۱۔ یعنی فرعون سے واقعی وہ بڑا سرکش اور حد سے بڑھنے والوں میں سے تھا

۳۲. اور بلاشبہ ہم نے ان کو چن لیا تھا علم کی بناء پر (ان کے اپنے دور کے) سب جہانوں پر

۳۳. اور ان کو ایسی (عظیم الشان اور امتیازی) نشانیوں سے نوازا تھا جن میں کھلی آزمائش تھی

۳۴. بلاشبہ (دور حاضر کے) یہ منکرین زور دے کر کہتے ہیں

۳۵. کہ وہ (آخری حالت) تو بس ہمارا یہی دنیا کا مرنا ہے اور بس اور ہم دوبارہ اٹھائے جانے والے نہیں

۳۶. پس تم لے آؤ ہمارے (اگلے) باپ دادوں کو اگر تم لوگ سچے ہو (اپنے دعوی میں)

۳۷. کیا یہ بہتر ہیں یا تبع کی قوم اور وہ لوگ جو اس سے بھی پہلے گزر چکے ہیں؟ ان سب کو تو ہم نے ہلاک کر ڈالا کیونکہ وہ لوگ مجرم تھے

۳۸. اور ہم نے آسمانوں اور زمین اور ان تمام چیزوں کو جو کہ ان دونوں کے درمیان ہیں کچھ کھیل کے طور پر تو پیدا نہیں کیا

۳۹. ہم نے تو ان کو برحق ہی پیدا کیا ہے مگر اکثر لوگ جانتے نہیں

۴۰. بلاشبہ فیصلے کا دن تو ان سب کے لئے ایک مقرر شدہ وقت ہے

۴۱. جس دن نہ تو کوئی دوست کسی دوست کے کچھ کام آسکے گا اور نہ (کہیں اور سے) ان کی کوئی مدد کی جائے گی

۴۲. سوائے اس کے کہ اللہ ہی کسی پر رحم فرما دے بلاشبہ وہی ہے سب پر غالب انتہائی مہربان

۴۳۔ بلاشبہ زقوم کا درخت

۴۴۔ کھانا ہوگا بڑے گناہ گاروں کا

۴۵۔ تیل کی تلچھٹ جیسا چوپٹیوں میں اس طرح کھول رہا ہوگا

۴۶۔ جیسے ابلتا ہوا پانی کھولتا ہے

۴۷۔ (حکم ہوگا کہ) پکڑو اس کو پھر اس کو گھسیٹتے ہوئے لے جاؤ دوزخ کے بیچوں بیچ

۴۸۔ پھر انڈیل دو اس کے سر پر کھولتے ہوئے پانی کا عذاب

۴۹۔ چکھ کہ تو تو بڑا زبردست عزت دار آدمی ہے

۵۰۔ بلاشبہ یہ وہی ہے جس کے بارے میں تم لوگ شک کیا کرتے تھے

۵۱۔ اس کے برعکس پرہیزگار لوگ ایک نہایت ہی امن (و سکون) والے مقام میں ہوں گے

۵۲۔ یعنی طرح طرح کے عظیم الشان باغوں اور چشموں میں

۵۳۔ باریک اور گاڑھا ریشم پہنے آمنے سامنے بیٹھے ہوں گے

۵۴۔ یونہی ہوگا اور ہم نے ان کی شادی بھی کر دی ہوگی گوری رنگت کی آہو چشم عورتوں سے

۵۵۔ وہاں وہ پورے امن و اطمینان کے ساتھ ہر قسم کی لذت بخش چیزیں طلب کر رہے ہوں گے

۵۶۔ وہاں پر وہ موت کا مزہ بھی نہیں چکھیں گے سوائے اسی پہلی موت کے (جو کہ دنیا میں آچکی تھی) اور اللہ نے ان کو بچا لیا ہوگا دوزخ کے عذاب سے

۵۷۔ یہ سب کچھ آپ کے رب کے فضل سے ہوگا یہی ہے وہ بڑی کامیابی

۵۸۔       سو ہم نے آسان کر دیا اس (کتاب حکیم) کو آپ کی زبان میں تاکہ یہ لوگ نصیحت حاصل کریں

۵۹۔       پس آپ انتظار کریں یہ لوگ بھی انتظار میں ہیں

***

# ۴۵۔ الجاثیہ

بِسْمِ اللّٰہِ الرَّحْمٰنِ الرَّحِیْمِ

اللہ کے نام سے جو رحمان و رحیم ہے

۱. حٰمٓ

۲. یہ سراسر اتاری ہوئی کتاب ہے اس اللہ کی طرف سے جو سب پر غالب بڑا ہی حکمت والا ہے

۳. بلاشبہ آسمانوں اور زمین میں بڑی بھاری نشانیاں ہیں ایمانداروں کے لئے

۴. اور خود تمہاری اپنی پیدائش میں بھی اور ان جانوروں میں بھی جن کو وہ پھیلاتا ہے عظیم الشان نشانیاں ہیں ان لوگوں کے لئے جو یقین رکھتے ہیں

۵. نیز رات اور دن کے ادلنے بدلنے (کے اس نہایت منظم اور پُر حکمت سلسلے) میں بھی اور اس رزق (یعنی پانی) میں بھی جس کو اللہ اتارتا ہے آسمان سے (ایک نہایت ہی پُر حکمت نظام کے تحت) پھر اس کے ذریعے وہ زندہ کرتا ہے اس زمین کو اس کے بعد کہ وہ مرچکی ہوتی ہے اور ہواؤں کی گردش میں بھی بڑی نشانیاں ہیں ان لوگوں کے لئے جو عقل سے کام لیتے ہیں

۶. یہ اللہ کی آیتیں ہیں جو ہم پڑھ کر سناتے آپ کو حق کے ساتھ (اے پیغمبر!) پھر اللہ کی (ان عظیم الشان رحمتوں و عنایتوں اور اس کی) آیتوں کے بعد آخر یہ لوگ کس بات پر ایمان لائیں گے؟

۷. بڑی تباہی ہے ہر اس بڑے جھوٹے بدکار انسان کے لئے

۸. جو سنتا ہے اللہ کی ان آیتوں کو جو اس کو پڑھ کر سنائی جاتی ہیں پھر بھی وہ اڑا رہتا ہے اپنی بڑائی کے گھمنڈ (اور اپنی گمراہی) پر گویا کہ اس نے ان کو سنا ہی نہیں سو خوشخبری سنا دو اس کو ایک بڑے ہی دردناک عذاب کی

۹. اور جب ہماری آیتوں میں سے کوئی بات اس کے علم میں آجاتی ہے تو وہ اس کا مذاق بنا لیتا ہے ایسے لوگوں کے لئے ایک بڑا ہی رسواکن عذاب ہے

۱۰. ان کے آگے جہنم ہے وہاں نہ تو وہ ساز و سامان ان کے کچھ کام آسکے گا جو یہ لوگ (دنیا میں) کماتے رہے تھے اور نہ ہی ان کے وہ حمایتی (اور سرپرست) جو انہوں نے اللہ کے سوا اپنا رکھے تھے اور ان کے لئے بہت بڑا عذاب ہوگا

۱۱. یہ (قرآن) تو سراسر ہدایت ہے اور جو لوگ (اس کے باوجود اس سے منہ موڑے) اپنے رب کی آیتوں کا انکار ہی کئے جا رہے ہیں ان کے لئے بلا کا ایک نہایت دردناک عذاب ہے

۱۲. اللہ وہی تو ہے جس نے تمہارے کام میں لگا دیا سمندر کو تاکہ اس میں کشتیاں (اور جہاز) چلیں اسی کے حکم سے (تاکہ تم طرح طرح کے فائدے اٹھاؤ اس سے) اور تاکہ تم تلاش کر سکو اس کے فضل (روزی) میں سے اور تاکہ تم شکر ادا کرو (اس وحدہٗ لاشریک کا)

۱۲.   اور اسی نے تمہارے لئے کام میں لگا دیا وہ سب کچھ جو کہ آسمانوں میں ہے اور وہ سب کچھ بھی جو کہ زمین میں ہے سب کچھ اسی کی طرف سے ہے بلا شبہ ان سب باتوں میں بڑی نشانیاں ہیں ان لوگوں کے لئے جو غور و فکر سے کام لیتے ہیں

۱۴.   کہہ دو (اے پیغمبر!) ایمان والوں سے کہ وہ (عفو و) درگزر ہی سے کام لیں ان لوگوں کے لئے جو امید نہیں رکھتے اللہ کے دنوں (کے آنے) کی تاکہ وہ خود ہی بھرپور بدلہ دے ہر قوم کو اس کی (زندگی بھر کی) کمائی کا

۱۵.   جو کوئی اچھا کام کرے گا تو وہ اپنے ہی لئے کرے گا اور جو کوئی برائی کرے گا تو اس کا وبال بھی خود اسی کے سر ہو گا پھر تم سب کو بہرحال اپنے رب کے پاس ہی لوٹ کر جانا ہے

۱۶.   اور بلاشبہ ہم نے (اس سے پہلے) بنی اسرائیل کو بھی کتاب اور حکم سے نوازا ان کو نبوت (کے شرف عظیم) سے مشرف فرمایا ان کو طرح طرح کی پاکیزہ چیزوں سے بھی سرفراز فرمایا اور ان کو فضیلت و بزرگی بخشی (ان کے دور کے) تمام جہانوں پر

۱۷.   اور ہم نے انہیں اس معاملے میں کھلی ہدایات بھی دیں سو انہوں نے اختلاف نہیں کیا مگر اس کے بعد کہ ان کے پاس آچکا تھا علم (حق اور حقیقت کا) محض آپس کی ضد (اور حسد) کی بناء پر تمہارا رب یقیناً ان کے درمیان فیصلہ فرما دے گا (عملی اور قطعی طور پر) قیامت کے روز ان تمام باتوں کا جن کے بارے میں یہ لوگ اختلاف میں پڑے تھے

۱۸.   پھر ہم نے آپ کو بھی (دین کے) اس معاملے میں ایک خاص طریقے پر کر دیا پس آپ اسی کی پیروی کریں اور کبھی ان لوگوں کی خواہشات کی پیروی نہیں کریں جو علم نہیں رکھتے

۱۹.     یقیناً یہ لوگ اللہ کے مقابلے میں آپ کے کچھ بھی کام نہیں آسکتے اور بیشک ظالم لوگ آپس میں ایک دوسرے کے دوست (اور مددگار) ہیں اور اللہ دوست (اور مددگار) ہے پرہیزگاروں کا

۲۰.     یہ (قرآن) مجموعہ ہے بصیرت افروز آیتوں کا سب لوگوں کے لئے اور سراسر ہدایت اور عین رحمت ہے ان لوگوں کے لئے جو یقین رکھتے ہیں

۲۱.     کیا ان لوگوں نے جو کہ برائیوں کا ارتکاب کئے جا رہے ہیں یہ سمجھ رکھا ہے کہ ہم انہیں ان لوگوں کی طرح کر دیں گے جنہوں نے ایمان لا کر نیک کام کئے ہوں گے؟ کہ ان کا جینا اور مرنا ایک جیسا ہو جائے؟ بڑا ہی برا فیصلہ ہے جو یہ لوگ کر رہے ہیں

۲۲.     اور اللہ ہی نے پیدا فرمایا آسمانوں اور زمین کو حق کے ساتھ (تاکہ انسان اس سے طرح طرح سے مستفید ہو) اور تاکہ پورا بدلہ دیا جائے ہر کسی کو اس کی (زندگی بھر کی) کمائی کا اور ان پر کوئی ظلم نہیں کیا جائے گا

۲۲.     تو کیا تم نے اس شخص کے حال (اور اس کی بدبختی) پر بھی غور کیا جس نے اپنی خواہش کو ہی اپنا معبود بنا رکھا ہو اور اللہ نے اس کو گمراہی (کے گڑھے) میں ڈال دیا ہو اس کے علم کے باوجود اس کے کانوں اور اس کے دل پر اس نے مہر لگا دی ہو اور اس کی آنکھوں پر پردہ ڈال دیا ہو سو کون ہے جو ایسے شخص کو ہدایت دے سکے اللہ کے بعد؟ کیا تم لوگ پھر بھی کوئی سبق نہیں لیتے؟

۲۴.     اور کہتے ہیں کہ ہماری زندگی تو بس یہی دنیاوی زندگی ہے اسی میں ہمارا مرنا اور جینا ہے اور ہمیں ہلاک نہیں کرتا مگر یہی زمانہ حالانکہ ان کے پاس اس کا کوئی علم نہیں یہ لوگ محض ظن (وگمان) سے کام لیتے ہیں

۲۵.    اور جب ان کو پڑھ کر سنائی جاتی ہیں ہماری کھلی کھلی آیتیں تو ان کے پاس کوئی حجت اس کے سوا نہیں ہوتی کہ یہ کہتے ہیں کہ لے آؤ تم لوگ ہمارے باپ دادوں کو اگر تم سچے ہو

۲۶.    (ان سے) کہو کہ اللہ ہی ہے جو تمہیں زندگی بخشتا ہے پھر وہی تمہیں موت دیتا ہے پھر وہی جمع فرمائے گا تم سب کو قیامت کے اس دن جس میں کوئی شک نہیں مگر اکثر لوگ جانتے نہیں

۲۷.    اور اللہ ہی کے لئے ہے بادشاہی آسمانوں کی اور زمین کی اور جس دن آ کھڑی ہوگی قیامت کی وہ (ہولناک) گھڑی تو سخت خسارے میں پڑجائیں گے اس روز باطل پرست

۲۸.    اس دن تم ہر گروہ کو گھٹنوں کے بل گرا دیکھو گے ہر گروہ کو پکارا جا رہا ہوگا اس کے اپنے نامہ اعمال کی طرف (اور ان سے کہا جائے گا کہ) آج تمہیں پورا بدلہ دیا جائے گا تمہارے ان کاموں کا جو تم لوگ کرتے رہے تھے (اپنی دنیاوی زندگی میں)

۲۹.    یہ ہماری کتاب بول رہی ہے تم پر حق کے ساتھ بلاشبہ ہم لکھوالیا کرتے تھے وہ سب کچھ جو تم لوگ کر رہے تھے

۳۰.    پھر جو لوگ ایمان لائے ہوں گے اور انہوں نے (ایمان کے مطابق) نیک کام بھی کیئے ہوں گے تو ان کو داخل فرما دے گا ان کا رب اپنی خاص رحمت میں یہی ہے کھلی (اور حقیقی) کامیابی

۳۱.    اور جو کفر ہی کرتے رہے ہوں گے تو (ان سے کہا جائے گا کہ) کیا یہ حقیقت نہیں کہ میری آیتیں تم لوگوں کو پڑھ پڑھ کر سنائی جاتی تھیں مگر تم لوگ اپنی بڑائی کے گھمنڈ میں مبتلا (ان سے منہ موڑے ہوئے) تھے اور تم لوگ مجرم بن کر ہی رہے؟

۲۲.　اور جب (تم سے) کہا جاتا تھا کہ اللہ کا وعدہ یقینی طور پر سچا ہے اور قیامت کے بارے میں کسی شک کی گنجائش نہیں تو تم لوگ کہتے تھے کہ ہم نہیں جانتے قیامت کیا ہوتی ہے ہم تو محض ایک گمان سا رکھتے ہیں (اس کا کوئی) یقین ہم کو بہر حال نہیں

۲۲.　اس وقت کھل جائیں گی ان کے سامنے ان کے اعمال کی برائیاں اور گھیر کر رہے گی ان کو وہ آفت جس کا وہ مذاق اڑایا کرتے تھے

۲۴.　اور ان سے کہہ دیا جائے گا کہ آج ہم تم کو بھلائے دیتے ہیں جیسا کہ تم نے (دنیا میں) بھلا دیا تھا اپنے اس دن کی (حاضری و) پیشی کو اب تمہارا ٹھکانا (دوزخ کی دہکتی بھڑکتی) یہ آگ ہے اور تمہارا کوئی مددگار نہیں ہے

۲۵.　یہ اس لئے کہ تم لوگوں نے اللہ کی آیتوں کو مذاق بنا لیا تھا اور تم کو دھوکے میں ڈال رکھا تھا دنیاوی زندگی (اور اس کی چمک دمک) نے سو اب نہ تو ان لوگوں کو نکالا جائے گا اس (آگ) سے اور نہ ہی ان سے کوئی توبہ طلب کی جائے گی

۲۶.　بس تعریف سب کی سب اللہ ہی کے لئے ہے جو مالک ہے آسمانوں اور زمین (کی اس ساری کائنات) کا جو پروردگار سارے جہانوں کا

۲۷.　اور اسی کے لئے ہے بڑائی آسمانوں اور زمین (کی اس پوری کائنات) میں اور وہی ہے سب پر غالب نہایت ہی حکمتوں والا

***

# ۴۶۔ الأحقاف

بِسْمِ اللّٰہِ الرَّحْمٰنِ الرَّحِیْمِ

اللہ کے نام سے جو رحمان و رحیم ہے

۱. حٰم

۲. یہ سراسر اتاری گئی کتاب ہے اللہ کی طرف سے جو کہ بڑا ہی زبردست نہایت ہی حکمت والا ہے

۳. ہم نے نہیں پیدا کیا آسمانوں اور زمین کو اور ان دونوں کے درمیان کی کائنات کو مگر حق کے ساتھ اور ایک مقرر وقت کے لئے مگر جو لوگ اڑے ہوئے ہیں اپنے کفر (و باطل) پر وہ اس حقیقت سے منہ موڑے ہوئے ہیں جس سے انہیں خبردار کیا گیا ہے

۴. (ان سے) کہو کہ کیا تم نے ان چیزوں کو کبھی آنکھیں کھول کر دیکھا بھی جن کو تم لوگ (پوجتے) پکارتے ہو اللہ کے سوا مجھے دکھاؤ تو سہی کہ انہوں نے کیا پیدا کیا زمین میں سے یا ان کا کیا حصہ ہے آسمانوں میں؟ دکھاؤ مجھے (اپنی تائید میں) اس سے پہلے کی کوئی کتاب یا کسی علم کا کوئی بقیہ اگر تم لوگ سچے ہو (اپنے قول و قرار میں)

۵. اور اس شخص سے بڑھ کر گمراہ اور کون ہو سکتا ہے جو اللہ کے سوا ایسوں کو (پوجے) پکارے جو قیامت تک اس کی پکار کا کوئی جواب نہ دے سکیں اور وہ ان لوگوں کی دعا (و پکار) سے بالکل بے خبر ہوں

۶.　اور جب اکٹھا کیا جائے گا سب لوگوں کو (قیامت کے اس ہولناک دن میں) تو یہ اپنے پکارنے والوں کے دشمن بن جائیں گے اور ان کی عبادت کے بھی منکر ہو جائیں گے

۷.　اور جب ان لوگوں کو پڑھ کر سنائی جاتی ہیں ہماری کھلی کھلی (اور صاف و واضح) آیتیں تو کافر لوگ (پوری ڈھٹائی سے) حق کے بارے میں کہتے ہیں جب کہ وہ ان کے پاس آ چکا ہوتا ہے کہ یہ تو ایک جادو ہے کھلا ہوا

۸.　کیا یہ لوگ کہتے ہیں کہ آپ نے اس (قرآن) کو خود ہی گھڑ لیا ہے؟ تو (ان سے) کہہ دو کہ اچھا تو اگر میں نے اسے خود گھڑ لیا ہے تو تم مجھے اللہ سے بچانے کی کچھ بھی طاقت نہیں رکھتے وہ تو خوب جانتا ہے ان سب باتوں کو جو تم لوگ اس کے بارے میں بناتے ہو کافی ہے وہ (وحدہٗ لاشریک) گواہی دینے کو میرے اور تمہارے درمیان اور وہی ہے نہایت درگزر کرنے والا انتہائی مہربان

۹.　(ان سے) کہو کہ میں کوئی انوکھا رسول نہیں ہوں اور میں نہیں جانتا کہ کیا کیا جائے گا میرے ساتھ اور تمہارے ساتھ میں تو بس پیروی کرتا ہوں اس وحی کی جو بھیجی جاتی ہے میری طرف اور میرا کام تو خبردار کر دینا ہے کھول کر (حق اور حقیقت کو)

۱۰.　(ان سے) کہو کہ کیا تم لوگوں نے کبھی اس امر پر بھی غور کیا کہ اگر یہ (کلام) اللہ کی طرف سے ہو اور تم اس کا انکار کرو جب کہ بنی اسرائیل کا ایک گواہ اس جیسے کلام پر گواہی دے چکا ہو سو وہ اس پر ایمان لایا ہو مگر تم اپنی بڑائی کے گھمنڈ میں (اس سے منہ موڑے) ہی رہے (تو پھر تمہارا انجام آخر کیا ہو گا؟) بیشک اللہ ہدایت (کی دولت) سے نہیں نوازتا ایسے ظالموں کو

۱۱. اور کافر لوگ ایمان والوں کے بارے میں کہتے ہیں کہ اگر یہ دین سچا ہوتا تو یہ لوگ ہم سے اس معاملے میں سبقت نہ لے جاتے اور جب یہ لوگ اس سے ہدایت نہیں پا سکے تو اب انہوں نے یہی کہنا ہے کہ یہ تو ایک پرانا جھوٹ ہے

۱۲. حالانکہ اس سے پہلے موسیٰ کی کتاب بھی آچکی ہے ایک عظیم الشان امام (و پیشوا) کے طور پر سراسر رحمت بن کر اور یہ کتاب بھی جو اس کی تصدیق کرنے والی ہے عربی زبان میں تاکہ یہ خبردار کرے ان لوگوں کو جو کمربستہ ہیں ظلم پر اور خوشخبری سنائے (دارین کی فوز و فلاح کی) ان لوگوں کو جو نیکوکار ہیں

۱۳. بلاشبہ جن لوگوں نے (صدق دل سے) کہا کہ ہمارا رب اللہ ہے پھر وہ اس پر ڈٹ گئے تو ان پر نہ کوئی خوف ہوگا اور نہ ہی وہ غمگین ہوں گے

۱۴. ایسے لوگ جنتی ہیں وہ ہمیشہ اسی میں رہیں گے اپنے ان اعمال کے بدلے میں جو وہ (دنیا میں) کرتے رہے تھے

۱۵. اور ہم نے تاکید کر دی انسان کو کہ وہ حسن سلوک کا معاملہ کرتا رہے اپنے ماں باپ کے ساتھ اس کی ماں نے اس کو پیٹ میں رکھا (مشقت پر) مشقت اٹھا کر اور اس کو جنا تو بھی (مشقت پر) مشقت اٹھا کر اور اس کے حمل اور اس کے دودھ چھڑانے کی مدت تیس مہینے ہے (پھر وہ برابر نشوونما پاتا رہا) یہاں تک کہ جب وہ اپنی (جوانی کی) بھرپور قوتوں کو پہنچ گیا اور چالیس سال کا ہوگیا تو اس نے کہا اے میرے رب مجھے توفیق دے کہ میں شکر ادا کر سکوں تیری ان نعمتوں کا جو تو نے (محض اپنے کرم سے) مجھ پر اور میرے ماں باپ پر فرمائی ہیں اور (اس کی بھی توفیق نصیب فرما کہ) میں ہمیشہ ایسے نیک عمل کروں جو تجھے پسند ہوں اور

میرے (سکھ اور چین کے) لئے میری اولاد کو بھی نیک بنا دے میں (صدق دل سے) توبہ کرتا ہوں جناب کے حضور اور میں یقیناً فرمانبرداروں میں سے ہوں

۱۶. یہ وہ لوگ ہیں جن کے نیک کاموں کو ہم قبول کرلیں گے اور ان کی برائیوں سے ہم درگزر کر دیں گے یہ جنتی لوگوں میں سے ہوں گے اس سچے وعدے کے مطابق جو ان سے (دنیا میں) کیا جاتا رہا ہے

۱۷. اور (اس کے برعکس) جس نے اپنے ماں باپ سے کہا کہ تف ہے تم پر کیا تم مجھے اس بات کا ڈراوا دیتے ہو کہ مجھے (مرنے کے بعد قبر سے) نکالا جائے گا؟ حالانکہ مجھ سے پہلے کتنی ہی نسلیں گزر چکی ہیں (اور ان میں سے کوئی اب تک نہیں اٹھا) جب کہ وہ دونوں اس کو اللہ کی دوہائی دے کر کہتے ہیں کہ ارے کم بخت مان جا یقیناً اللہ کا وعدہ سچا ہے مگر وہ پھر بھی کہتا ہے کہ یہ تو بس کہانیاں ہیں پہلے لوگوں کی

۱۸. یہ وہ لوگ ہیں جن پر پکی ہو گئی ہماری بات (کہ انہوں نے عذاب پانا ہے انہی جیسے) جنوں اور انسانوں کے ان مختلف گروہوں میں جو گزر چکے ہیں ان سے پہلے بلاشبہ یہ سب خسارہ اٹھانے والے ہیں

۱۹. اور ہر ایک کے لئے درجے ہیں ان کے ان اعمال کے مطابق جو وہ کرتے رہے (تاکہ اللہ کا وعدہ پورا ہو) اور تاکہ وہ پورا بدلہ دے ان کو ان کے اعمال کا اور ان پر کوئی ظلم نہیں کیا جائے گا

۲۰. اور جس دن پیش کیا جائے گا کافروں کو (دوزخ) کی اس ہولناک آگ پر (تو ان سے کہا جائے گا کہ) تم لوگ حاصل کر چکے اپنے حصے کی نعمتیں اپنی دنیاوی زندگی میں اور تم ان کے مزے وہیں لوٹ چکے سو اب تم کو ذلت کا عذاب ہی دیا جائے گا اس وجہ سے کہ تم لوگ

اپنی بڑائی کے گھمنڈ میں بتلا تھے ہماری زمین میں ناحق طور پر اور اس وجہ سے کہ تم لوگ حدوں سے نکل جایا کرتے تھے

۲۱. اور ان کو ذرا عاد کے بھائی (ہود) کا قصہ بھی سنا دو جب کہ انہوں نے ڈرایا (اور خبردار کیا) اپنی قوم کو احقاف میں اور ایسے ہی خبردار کرنے والے اس سے پہلے بھی گزر چکے تھے اور اس کے بعد بھی آتے رہے کہ تم لوگ اللہ کے سوا کسی کی بندگی مت کرو مجھے تمہارے بارے میں سخت اندیشہ ہے ایک بہت بڑے (اور) ہولناک دن کے عذاب سے

۲۲. انہوں نے کہا کیا تم ہمارے پاس اسی لئے آئے ہو کہ ہمیں پھیر دو ہمارے معبودوں سے؟ پس لے آؤ ہم پر وہ عذاب جس سے تم ہمیں ڈرا رہے ہو اگر تم سچے لوگوں میں سے ہو

۲۲. ہود نے کہا کہ اس کا علم تو حقیقت میں اللہ ہی کے پاس ہے میں تو صرف وہ پیغام تمہیں پہنچا رہا ہوں جسے دے کر مجھے بھیجا گیا ہے مگر میں تمہیں دیکھ رہا ہوں کہ تم لوگ تو نری جہالت سے کام لے رہے ہو

۲۴. آخر کار جب انہوں نے دیکھا اس (عذاب) کو ایک ایسے بادل کی شکل میں جو بڑھا چلا آ رہا تھا ان کی وادیوں کی طرف تو وہ کہنے لگے کہ یہ تو ایک بادل ہے جو ہم پر برسنے آ رہا ہے (ارشاد ہوا کہ نہیں) بلکہ یہ تو وہی عذاب ہے جس کے لئے تم لوگ جلدی مچا رہے تھے یہ تو ہوا کا ایک طوفان ہے جس میں ایک بڑا دردناک عذاب ہے

۲۵. جو تباہ کر کے رکھ دے گی ہر چیز کو اپنے رب کے حکم (وارشاد) سے چنانچہ اس کے نتیجے میں ان کا حال یہ ہو گیا کہ ان کے گھروں (کے کھنڈرات) کے سوا کچھ دکھائی نہ دیتا تھا اسی طرح ہم بدلہ دیتے ہیں مجرم لوگوں کو

۲۶.	اور ہم نے ان لوگوں کو ان باتوں میں قدرت دی تھی جن میں تم کو نہیں دی (اے دور حاضر کے بد مست لوگو!) اور ان کو ہم نے کان بھی عطا کیئے تھے اور آنکھیں اور دل بھی مگر نہ ان کے کان ان کے کچھ کام آ سکے نہ ان کی آنکھیں اور نہ دل کیونکہ وہ (جان بوجھ کر) انکار کرتے تھے اللہ کی آیتوں کا اور گھیر کر رہی ان کو وہی چیز جس کا وہ مذاق اڑایا کرتے تھے

۲۷.	اور بلاشبہ ہم تمہارے گردو بیش کی اور بھی بہت سی بستیوں کو ہلاک کر چکے ہیں اور ہم نے (ان کے لیئے بھی) اپنی آیتیں طرح طرح سے بیان کیں تاکہ وہ باز آ جائیں

۲۸.	پھر (عذاب آنے پر) کیوں نہ ان کی کوئی مدد کر سکیں وہ ہستیاں جن کو انہوں نے اللہ کے سوا قرب حاصل کرنے کے لیئے اپنا معبود بنا رکھا تھا؟ بلکہ (اس وقت) ان سے کھو گئیں (اور گم ہو کر رہ گئیں) وہ سب کی سب اور یہ تھا نتیجہ (وانجام) ان کے اس جھوٹ کا (جو یہ لوگ بولا کرتے تھے) اور ان کے ان ڈھکوسلوں کا جو یہ گھڑا کرتے تھے

۲۹.	اور (ان سے اس کا بھی تذکرہ کیجئے کہ) جب ہم نے پھیر دیا آپ کی طرف (اے پیغمبر!) جنوں کے ایک گروہ کو جو کان لگا کر سن رہے تھے اس قرآن (عظیم) کو سو جب وہ وہاں پہنچ گئے تو آپس میں کہنے لگے کہ خاموش رہو پھر جب قرآن پڑھا جا چکا تو وہ واپس لوٹے اپنی قوم کی طرف خبر دار کرنے والے بن کر

۲۰.	(اور ان سے) کہا کہ اے ہماری قوم کے لوگوں ہم ایک ایسی عظیم الشان کتاب سن کر آئے ہیں جس کو اتارا گیا ہے موسیٰ کے بعد جو تصدیق کرنے والی ہے ان تمام کتابوں کی جو آ چکی ہیں اس سے پہلے یہ (کتاب عظیم) راہنمائی کرتی ہے حق اور سیدھے راستے کی

۲۱.  اے ہماری قوم کے لوگوں تم قبول کر لو اللہ کی طرف بلانے والے کی دعوت کو اور (صدقِ دل) سے ایمان لے آؤ اس پر اللہ معاف فرما دے گا تمہارے گناہوں کو اور بچا دے گا تم کو ایک بڑے ہی دردناک عذاب سے

۲۲.  اور جو کوئی بات نہیں مانے گا اللہ کے داعی کی تو وہ (اپنا ہی نقصان کرے گا کہ وہ) ایسا نہیں کہ نکل جائے اس کی گرفت (و پکڑ) سے نہ زمین میں (کہیں چھپ کر) اور نہ ہی اس کے کوئی مددگار ہو سکتے ہیں (جو اسے بچا سکیں) ایسے لوگ پڑے ہیں (صاف اور) کھلی گمراہی میں

۲۲.  کیا ان لوگوں نے کبھی اس امر میں غور نہیں کیا کہ جس اللہ نے پیدا فرمایا آسمانوں اور زمین کو اور اس کو ان کے پیدا کرنے سے کوئی تکان نہیں ہوئی وہ اس پر قادر ہے کہ زندہ کر دے مردوں کو؟ (ہاں) کیوں نہیں بلاشبہ وہ ہر چیز پر (پوری) پوری قدرت رکھتا ہے

۲۴.  (اور یاد کرواے لوگوں قیامت کے اس ہولناک دن کو کہ) جس دن پیش کیا جائے گا کافروں کو (دوزخ کی) اس ہولناک آگ پر (اور ان سے کہا جائے گا کہ) کیا یہ حق نہیں ہے؟ تو وہ کہیں گے ہاں قسم ہے ہمارے رب کی (یہ قطعی طور پر حق ہے) حکم ہو گا کہ اچھا تو اب چکھتے رہو تم لوگ مزہ اس عذاب کا اپنے اس کفر کی پاداش میں جو تم کرتے رہے تھے (دنیا میں)

۲۵.  پس آپ صبر ہی سے کام لیتے رہیں (اے پیغمبر!) جس طرح کہ صبر سے کام لیا ہمارے دوسرے اولوالعزم رسولوں نے اور جلدی نہیں کرنا ان (لوگوں کے عذاب کے) لئے جس دن یہ خود دیکھ لیں گے اس چیز کو جس سے ان کو ڈرایا جا رہا ہے تو ان کو یوں لگے گا

کہ جیسے یہ دنیا میں دن کی ایک گھڑی بھر سے زیادہ نہیں رہے تھے یہ ایک عظیم الشان پیغام ہے جو پہنچا دیا گیا سواب کیا اور کوئی ہلاک ہوگا سوائے نافرمان لوگوں سے ؟

***

# ۴۷۔ محمد

بِسۡمِ اللّٰہِ الرَّحۡمٰنِ الرَّحِیۡمِ

اللہ کے نام سے جو رحمان و رحیم ہے

۱. جن لوگوں نے کفر کیا اور روکا (دوسروں کو) اللہ کی راہ سے اللہ نے اکارت کر دیا ان کے اعمال کو

۲. اور اس کے برعکس جو لوگ (صدقِ دل) سے ایمان لائے اور (اس کے مطابق) انہوں نے کام بھی نیک کئے اور (خاص طور پر) وہ ایمان لائے اس (دین حق) پر جسے اتارا گیا ہے محمد پر اور وہی حق ہے ان کے رب کی جانب سے تو اللہ نے مٹا دیں ان سے ان کی برائیاں اور اس نے درست کر دیا ان کے حال کو

۳. یہ سب اس لئے کہ جن لوگوں نے کفر کیا انہوں نے (حق کی بجائے) باطل کی پیروی کی اور جو ایمان لائے انہوں نے پیروی کی اس حق کی جو (ان کے پاس) ان کے رب کی جانب سے آیا اللہ اسی طرح (کھول کر) بیان کرتا ہے لوگوں کے لئے ان کی مثالیں

۴. پس جب کفار سے تمہارا مقابلہ ہو تو تم ان کی گردنیں مارو یہاں تک کہ جب تم ان کو کچل کر رکھ دو تو پھر مضبوط باندھ لو (قیدیوں کو) پھر اس کے بعد (تمہاری مرضی) یا تو تم احسان کر کے ان کو یونہی چھوڑ دو یا فدیہ لے لو یہاں تک کہ لڑائی ڈال دے اپنے ہتھیار یہ ہے تمہارے کرنے کا کام اور اگر اللہ چاہتا تو ان سے خود ہی نبٹ لیتا مگر (اس نے جہاد فرض

کیا) تاکہ وہ تم لوگوں کو آزمائے ایک دوسرے کے ذریعے اور جو لوگ مارے گئے اللہ کی راہ میں تو اللہ کبھی ضائع نہیں فرمائے گا ان کے اعمال کو

۵. وہ جلد ہی پہنچا دے گا ان کو (ان کے مقصود تک) اور درست فرما دے گا ان کی حالت کو

۶. اور وہ ان کو داخل فرما دے گا (اپنے کرم سے) اس جنت میں جس کی پہچان وہ انہیں کرا چکا ہے

۷. اے وہ لوگوں جو ایمان لائے ہو اگر تم مدد کرو گے اللہ کی تو وہ (قادر مطلق) تمہاری مدد فرمائے گا اور وہ جما دے گا تمہارے قدموں کو

۸. اور جو لوگ اڑے رہے اپنے کفر (و باطل) پر تو ان کے لئے بڑی تباہی ہے اور اللہ نے اکارت کر دیا ان کے اعمال کو

۹. یہ اس لئے کہ انہوں نے ناپسند کیا اس (دین حق) کو جس کو نازل فرمایا اللہ نے (خود ان کی بہتری و بھلائی کے لئے) اس کے نتیجے میں اللہ نے اکارت فرما دیا ان کے اعمال کو

۱۰. تو کیا ان لوگوں نے خود چل پھر کر دیکھا نہیں (اللہ کی عبرتوں بھری) اس زمین میں کہ کیسا ہوا (مآل و) انجام ان لوگوں کا جو گزر چکے ہیں ان سے پہلے اللہ نے ڈال دیا ان پر (ان کے کئے کرائے کی بناء پر) تباہی کو اور کافروں کے لئے ایسے ہی عذاب (و نتائج) مقرر ہیں

۱۱. یہ اس لئے کہ اللہ حامی ہے ان لوگوں کا جو ایمان لائے اور جو کافر ہیں ان کا کوئی بھی حامی نہیں

۱۲۔ بیشک اللہ داخل فرمائے گا (اپنے کرم سے) ان لوگوں کو جو ایمان لائے اور انہوں نے کام بھی نیک کیئے ایسی عظیم الشان جنتوں میں جن کے نیچے بہہ رہی ہوں گی طرح طرح کی عظیم الشان نہریں اور جو لوگ اڑے ہوئے ہیں اپنے کفر (و باطل) پر وہ عیش کر رہے ہیں (اس دنیا میں) اور کھاتے ہیں جیسے چوپائے کھاتے ہیں مگر (واضح رہے کہ) ان کا آخری ٹھکانہ (دوزخ کی دہکتی بھڑکتی) وہ ہولناک آگ ہے

۱۲۔ اور کتنی ہی بستیاں ایسی ہوئی ہیں جو قوت میں کہیں بڑھ کر سخت (اور زیادہ) تھیں آپ کی اس بستی سے جس (کے باشندوں) نے نکال دیا آپ کو اپنے یہاں سے ہم نے ان کو ہلاک کر دیا (سو ایسی افتاد پڑنے پر) ان کے لیئے کوئی بھی مددگار نہ تھا

۱۴۔ تو کیا وہ شخص جو اپنے رب کی طرف سے ایک کھلی نشانی پر ہو ان لوگوں کی طرح ہو سکتا ہے جن کے لیئے خوشنما بنا دیا گیا ہو ان کے برے عمل کو اور (اس کے نتیجے میں) وہ (مست اور بے فکر ہو کر) چلے جا رہے ہوں اپنی خواہشات کے پیچھے

۱۵۔ شان اس جنت کی جس کا وعدہ پرہیزگار لوگوں سے کیا گیا ہے یہ ہے کہ اس میں نہریں ہوں گی ایسے پانی کی جو کبھی خراب نہ ہو اور نہریں ہوں گی ایسے دودھ کی جس کا مزہ کبھی تبدیل نہ ہو اور نہریں ہوں گی ایسی شراب کی جو سراسر لذت ہو گی پینے والوں کے لیئے اور نہریں ہوں گی ایسے شہد کی جس کو صاف کر دیا گیا ہو گا (ہر طرح کی آلائش سے) اور ان کے لیئے وہاں ہر طرح کے پھل ہوں گے اور ان کے رب کی طرف سے عظیم الشان بخشش بھی کیا ایسے لوگ ان جیسے ہو سکتے ہیں جن کو ہمیشہ رہنا ہو گا (دوزخ کی دہکتی بھڑکتی) اس ہولناک آگ میں اور ان کو پلایا جائے گا ایسا کھولتا ہوا پانی جو کاٹ کاٹ کر رکھ دے گا ان کی انتڑیوں کو؟

۱۶. اوران لوگوں میں سے کچھ ایسے ہیں جو کان لگا کر سنتے ہیں آپ کی بات کو یہاں تک کہ جب وہ آپ کے پاس سے نکل کر جاتے ہیں تو ان لوگوں سے جنہیں علم دیا گیا ہے پوچھتے ہیں کہ ان صاحب نے ابھی کیا کہا؟ یہ وہ لوگ ہیں جن کے دلوں پر ٹھپہ لگا دیا اللہ نے (ان کی اپنی بدنیتی کی وجہ سے) اور یہ پیچھے لگ گئے اپنی خواہشات کے

۱۷. اور جو لوگ سرفراز ہو گئے (نور حق) و ہدایت سے اللہ ان کو نوازے گا مزید (نور حق و) ہدایت سے اور اللہ ان کو عطا فرمائے گا ان (کے درجے) کا تقویٰ (و پرہیزگاری)

۱۸. تو کیا اب یہ لوگ (قیامت کی) اس ہولناک گھڑی ہی کے منتظر ہیں کہ وہ ان پر اچانک ٹوٹ پڑے؟ سو اس کی نشانیاں تو آ ہی چکی ہیں پھر جب وہ خود آ پہنچے گی تو پھر ان کو کیا فائدہ اس وقت کے ان کے سمجھنے کا؟

۱۹. پس آپ یقین جان رکھو کہ اللہ کے سوا کوئی معبود نہیں اور معافی مانگو اپنے گناہ کے لئے اور ایماندار مردوں اور عورتوں کے لئے بھی اللہ جانتا ہے تم لوگوں کے چلنے پھرنے کو بھی اور تمہارے رہنے سہنے کو بھی

۲۰. اور کہتے وہ لوگ جو ایمان لائے کہ کیوں نہیں اتاری جاتی کوئی سورت؟ پھر پر جب اتاری جاتی ہے کوئی ایسی محکم سورت جس میں ذکر ہوتا ہے (جہاد و) قتال کا تو آپ دیکھیں گے ان لوگوں کو جن کے دلوں میں بیماری ہوتی ہے کہ وہ آپ کی طرف ایسے دیکھتے ہیں جیسے کسی پر چھا رہی ہو بے ہوشی موت کی سو بڑی خرابی (اور ہلاکت) ہے ایسے لوگوں کے لئے

۲۱. فرمانبرداری اور بھلی بات کرنا (خود انہی کے لئے بہتر ہے) پھر جب معاملہ طے پا گیا تو اگر یہ لوگ سچے ہوتے اللہ کے ساتھ تو یہ خود انہی کے لئے بہتر ہوتا

۲۲. پھر کیا تم لوگوں سے اس کے سوا کوئی اور توقع کی جا سکتی ہے کہ اگر تم پھر گئے (راہ حق و صواب سے) تو تم (خرابی اور) فساد مچاؤ (ہماری) اس زمین میں اور کاٹ ڈالو آپس کے رشتوں (ناطوں) کو

۲۲. یہ وہ لوگ ہیں جن پر لعنت (و پھٹکار) کر دی اللہ نے سو اس نے بہرہ کر دیا ان کے کانوں کو اور اندھا کر دیا ان کی آنکھوں کو

۲۴. کیا یہ لوگ غور نہیں کرتے اس قرآن (عظیم) میں؟ یا (ان کے) دلوں پر ان کے تالے پڑے ہوئے ہیں

۲۵. بیشک جو لوگ پھر گئے (راہِ حق و ہدایت سے) پیٹھ دے کر اس کے بعد کہ پوری طرح واضح ہو گئی تھی ان کے لئے (راہ حق و) ہدایت تو یقیناً ان کو فریب میں مبتلا کر دیا شیطان نے اور اس نے پھانس دیا ان کو امیدوں کے ایک جال میں

۲۶. یہ اس وجہ سے ہوا کہ انہوں نے کہا ان لوگوں سے جو کہ ناپسند کرتے ہیں اس (حق و ہدایت) کو جس کو اللہ نے نازل فرمایا ہے کہ ہم تمہاری بات بخوشی مان لیں گے بعض معاملات میں اور اللہ خوب جانتا ہے ان کی ان رازداریوں (اور خفیہ باتوں) کو

۲۷. پھر کیا حال ہو گا ان کا اس وقت جبکہ فرشتے ان کی جان قبض کریں گے اور وہ مار رہے ہوں گے ان کے مونہوں اور ان کی پیٹھوں پر؟

۲۸. یہ اس وجہ سے ہوا کہ انہوں نے پیروی کی اس طریقے کی جو اللہ کی ناراضگی کا باعث تھا اور انہوں نے پسند نہ کیا اس کی رضا (کے راستے) کو جس کے باعث اس نے اکارت کر دیا ان کے سب اعمال کو

۲۹.　کیا ان لوگوں نے جن کے دلوں میں روگ ہے (نفاق کا) یہ سمجھ رکھا ہے کہ اللہ ظاہر نہیں کرے گا ان کے دلوں کے کھوٹ؟

۲۰.　حالانکہ ہم اگر چاہیں تو یہ لوگ آپ کو اس طرح دکھا دیں کہ آپ ان کو ان کی صورت سے ہی پوری طرح پہچان لیں اور ان کے طرز کلام سے تو آپ ﷺ ان کو اب بھی ضرور (اور بخوبی) پہچان لیں گے اور اللہ خوب جانتا ہے تم سب لوگوں کے تمام اعمال کو

۲۱.　اور ہم ضرور بالضرور آزمائش کریں گے تم سب کی تاکہ ہم دیکھ لیں تم میں سے جہاد کرنے والوں کو بھی اور ان کو بھی جو ثابت قدم رہنے والے ہیں اور تاکہ ہم آزمائش کریں تمہاری خبروں (اور حالتوں) کی

۲۲.　بیشک جن لوگوں نے کفر کیا اور (دوسروں کو) روکا اللہ کی راہ سے اور انہوں نے مخالفت کی اللہ کے رسول کی اس کے بعد کہ راہ (حق و) ہدایت ان کے لئے پوری طرح واضح ہو چکی تو وہ یقیناً اللہ کا کچھ بھی نقصان نہیں کریں گے اور اللہ اکارت کر دے گا ان کے سب اعمال کو

۲۲.　اے وہ لوگوں جو ایمان لائے ہو حکم مانو تم اللہ کا اور حکم مانو اس کے رسول کا اور مت برباد کرو اپنے اعمال کو

۲۴.　بیشک جن لوگوں نے کفر کیا اور انہوں نے روکا (دوسروں کو) اللہ کی راہ سے پھر (وہ اپنے کفر ہی پر اڑے رہے یہاں تک کہ) وہ مرے بھی کفر ہی کی حالت میں تو یقیناً اللہ ان کی کبھی بھی بخشش نہیں فرمائے گا

۲۵. پس (اے مسلمانو!) نہ تو تم سستی دکھاؤ اور نہ ہی صلح کی درخواست کرو کیونکہ غالب بہر حال تم ہی ہو اور اللہ تمہارے ساتھ ہے اور وہ تمہارے اعمال (کے ثواب) میں ہر گز کوئی کمی نہیں فرمائے گا

۲۶. دنیا کی زندگی تو اس کے سوا کچھ نہیں کہ ایک کھیل اور تماشا ہے اور اگر تم لوگ قائم رہے اپنے ایمان (و یقین) پر اور تم نے اپنائے رکھا تقویٰ (و پرہیزگاری) کو تو اللہ تم کو تمہارے اجر (پورے پورے) عطا فرمائے گا اور تم سے تمہارے مال نہیں مانگے گا

۲۷. اگر وہ تم سے کہیں تمہارے مال مانگ لیتا اور سب کے سب تم سے طلب کر لیتا تو تم بخل کرنے لگتے اور اس طرح وہ نکال باہر کرتا تمہارے (دلوں کے کھوٹ اور) ناگواریوں کو

۲۸. ہاں تو تم وہی ہو کہ تمہیں دعوت دی جا رہی ہے کہ تم خرچ کرو اللہ کی راہ میں (تاکہ خود تمہارا بھلا ہو) تو تم میں سے کچھ بخل سے کام لیتے ہیں حالانکہ جو کوئی بخل کرتا ہے وہ دراصل اپنے آپ ہی سے بخل کرتا ہے کیونکہ اللہ بے نیاز ہے (ہر کسی سے اور ہر اعتبار سے) اور تم ہی سب اس کے محتاج ہو اور اگر تم منہ موڑو گے تو وہ تمہاری جگہ کسی اور قوم کو لے آئے گا پھر وہ تم جیسے نہ ہوں گے

***

# ۴۸۔ الفتح

بِسۡمِ اللّٰہِ الرَّحۡمٰنِ الرَّحِیۡمِ

اللہ کے نام سے جو رحمان و رحیم ہے

۱. بیشک ہم نے عطا کر دی آپ کو (اے پیغمبر!) ایک عظیم الشان کھلی فتح

۲. تاکہ اللہ معاف فرما دے آپ کی اگلی پچھلی سب خطائیں اور تاکہ وہ تکمیل فرما دے آپ پر اپنے انعام کی اور ڈال دے آپ کو سیدھی راہ پر

۳. اور تاکہ اللہ مدد فرمائے آپ کی بڑی ہی زبردست مدد

۴. وہ (اللہ) وہی ہے جس نے سکینت (و اطمینان کی کیفیت) نازل فرمائی ایمان والوں کے دلوں میں تاکہ اور بڑھ جائے ان کا ایمان ان کے (پہلے) ایمان کے ساتھ اور اللہ ہی کے لئے ہیں لشکر آسمانوں اور زمین کے اور اللہ بڑا ہی علم والا نہایت ہی حکمت والا ہے

۵. تاکہ وہ داخل فرما دے (اپنے کرم سے) ایماندار مردوں اور ایماندار عورتوں کو ایسی عظیم الشان جنتوں میں جن کے نیچے سے بہہ رہی ہوں گی (طرح طرح کی اور بے مثل) نہریں جن میں ان کو ہمیشہ رہنا نصیب ہوگا اور تاکہ اللہ مٹا دے ان سے ان کی برائیاں اور یہ اللہ کے نزدیک بہت بڑی (اور حقیقی) کامیابی ہے

۶. اور تاکہ اللہ عذاب دے ان منافق مردوں اور منافق عورتوں اور مشرک مردوں اور مشرک عورتوں کو جو کہ گمان کرتے ہیں اللہ کے بارے میں برے گمان (حالانکہ) خود انہی

پر ہے برائی کا پھیر اللہ کا غضب ہوا ان پر اور اس کی لعنت (و پھٹکار) اور اس نے تیار کر رکھا ہے ان کے لئے دوزخ (کا عذاب) اور بڑا ہی برا ٹھکانا ہے وہ دوزخ

۷۔ اور اللہ ہی کے لئے ہیں لشکر آسمانوں اور زمین کے اور اللہ بڑا ہی زبردست نہایت ہی حکمت والا ہے

۸۔ اور بیشک ہم ہی نے بھیجا آپ کو (اے پیغمبر!) گواہی دینے والا خوشخبری سنانے والا اور خبر دار کرنے والا بنا کر

۹۔ تاکہ تم (اے لوگو!) ایمان لاؤ اللہ پر اور اس کے رسول پر اور تاکہ تم تعظیم (و توقیر) کرو اس کی اور تسبیح کرو اس کی صبح و شام (یعنی ہمہ وقت)

۱۰۔ بیشک جو لوگ بیعت کر رہے تھے آپ کے ہاتھ پر (اے پیغمبر!) تو وہ در حقیقت بیعت کر رہے تھے اللہ سے اللہ کا ہاتھ ان کے ہاتھوں کے اوپر تھا سو جس نے (اس کے بعد) توڑ لیا اپنے عہد کو تو اس کا وبال خود اس کی اپنی ہی جان پر ہوگا اور جو کوئی پورا کرے گا اپنے اس عہد کو جو اس نے اللہ سے باندھا ہے تو عنقریب ہی اللہ اس کو نوازے گا ایک بہت بڑے اجر سے

۱۱۔ عنقریب کہیں گے آپ سے (اے پیغمبر!) وہ بدوی (اور دیہاتی) لوگ جن کو پیچھے چھوڑ دیا گیا تھا (ان کی اپنی پست ہمتی اور سوء اختیار کی بناء پر) کہ ہمیں مشغول کر دیا تھا ہمارے مالوں اور بال بچوں (کی فکر اور ان کی ضروریات) نے پس آپ بخشش کی دعاء فرما دیں ہمارے لئے یہ لوگ اپنی زبانوں سے وہ کچھ کہتے ہیں جو ان کے دلوں میں نہیں (ان سے) کہو کہ اچھا تو پھر کون ہے جو تمہارے بارے میں اللہ کے فیصلے کو روک دینے کا کچھ بھی اختیار رکھتا ہو؟ اگر وہ تمہیں کوئی نقصان پہنچانا چاہے یا نفع بخشنا چاہے (اور تمہارا حال اللہ

سے مخفی نہیں) بلکہ اللہ کو پوری خبر ہے تمہارے ان سب کاموں کی جو تم لوگ کرتے رہے ہو

۱۲.　(اصل وجہ یہ نہیں جو تم بیان کر رہے ہو) بلکہ تم لوگوں نے تو یہ سمجھ رکھا تھا کہ رسول اور دوسرے مسلمان تو اپنے گھر والوں کی طرف کبھی کسی طرح لوٹ کر آ ہی نہیں سکیں گے اور یہ خیال تمہارے دلوں کو لبھا رہا تھا اور تم نے بڑے برے گمان قائم رکھے تھے اور تم تو تھے ہی برباد ہونے والے لوگ

۱۲.　اور جو کوئی (صدق دل سے) ایمان نہیں لایا اللہ اور اس کے رسول پر تو یقیناً (وہ اپنا ہی نقصان کرے گا کہ بیشک) ہم نے تیار کر رکھی ہے کافروں کے لئے ایک بڑی ہی ہولناک دہکتی بھڑکتی آگ

۱۴.　اور اللہ ہی کے لئے ہے بادشاہی آسمانوں اور زمین کی وہ جسے چاہے معاف فرما دے اور جسے چاہے سزا دے اور اللہ بڑا ہی بخشنے والا نہایت مہربان ہے

۱۵.　عنقریب کہیں گے تم سے (اے مسلمانو!) وہ لوگ جن کو پیچھے چھوڑ دیا گیا تھا (اس سفر خیر و برکت سے ان کے اپنے سوء اختیار کی بناء پر) جب تم نکلو گے اموال غنیمت لینے کے لئے کہ ہمیں بھی اپنے ساتھ چلنے دو یہ لوگ یہ چاہیں گے کہ بدل دیں اللہ کے کلام (اور اس کے وعدوں) کو (اس وقت ان سے) کہنا کہ تم لوگ ہرگز ہمارے ساتھ نہیں چل سکتے اللہ تعالیٰ نے پہلے سے ہی یوں فرما دیا ہے اس پر وہ کہیں گے کہ نہیں بلکہ تم لوگ ہم پر حسد کرتے ہو نہیں بلکہ اصل حقیقت یہ ہے کہ یہ لوگ خود ہی (صحیح بات کو) سمجھتے نہیں مگر بہت ہی کم

۱۶.　کہو ان بدوؤں سے جن کو پیچھے چھوڑ دیا گیا ہے کہ عنقریب ہی تمہیں بلایا جائے گا ایسے لوگوں سے لڑنے کے لئے جو بڑے سخت زور آور ہیں تم ان سے لڑو گے یا وہ اطاعت

قبول کرلیں پس (اس وقت) اگر تم نے حکم مان لیا تو اللہ تمہیں نوازے گا ایک بڑے ہی عمدہ اجر سے اور اگر اس وقت بھی تم پھر گئے جیسا کہ اس سے پہلے (حدیبیہ وغیرہ میں) پھر گئے تھے تو وہ تمہیں ڈالے گا ایک بڑے ہی دردناک عذاب میں

۱۷. نہ اندھے پر کوئی گناہ ہے نہ لنگڑے پر اور نہ ہی بیمار پر اور جو کوئی (صدق دل سے) کہا مانے گا اللہ کا اور اس کے رسول کا تو اللہ اس کو داخل فرمائے گا (اپنے کرم سے) ایسی عظیم الشان جنتوں میں جن کے نیچے سے بہہ رہی ہوں گی طرح طرح کی (عظیم الشان) نہریں اور جس نے منہ موڑا (حق و ہدایت کی طرف سے) تو وہ اس کو ڈالے گا ایک بڑے ہی (ہولناک اور) دردناک عذاب میں

۱۸. بلاشبہ اللہ راضی ہو گیا ان (خوش نصیب) ایمانداروں سے جو بیعت کر رہے تھے آپ ﷺ سے (اے پیغمبر!) اس درخت کے نیچے سو اللہ نے جان لیا جو کچھ (صدق و اخلاص) ان کے دلوں میں تھا اور اس نے نازل فرما دی ان پر سکون (واطمینان) کی کیفیت اور اس نے نواز دیا ان کو اس کے (صلہ و) عوض میں قریب ہی ملنے والی ایک عظیم الشان فتح (وکامرانی) سے

۱۹. اور دوسری بہت سی ان غنیمتوں سے جو کہ (وہ عنقریب ہی) حاصل کریں گے اور اللہ بڑا ہی زبردست نہایت ہی حکمت والا ہے

۲۰. اللہ نے وعدہ فرمایا لیا تم سے (اے مسلمانو!) بہت سی غنیمتوں کا جن کو تم لوگ (آسانی اور سہولت سے) حاصل کرو گے مگر یہ اس نے تم کو فوری عطا فرما دی اور اسی نے روک دیا (اپنے کرم سے) لوگوں کے ہاتھوں کو تم سے (تاکہ تم محفوظ رہو ان کے شر سے) اور تاکہ یہ ایک نشانی ہو ایمان والوں کے لئے اور تاکہ وہ ڈال دے تم سب کو سیدھی راہ پر

۲۱.	اور اس کے علاوہ اللہ نے تم سے اور بھی ایسی غنیمتوں کا وعدہ فرما دیا ہے جن پر تمہیں ابھی تک قدرت حاصل نہیں مگر اللہ نے اپنے احاطہ قدرت میں لے رکھا ہے ان سب کو اور اللہ ہر چیز پر پوری قدرت رکھتا ہے

۲۲.	اور اگر (اس حال میں بھی) تم سے لڑائی ہو جاتی ان کافروں کی تو بھی یقیناً انہوں نے بھاگنا تھا پیٹھ دے کر پھر یہ (اپنے لئے) نہ کوئی یار پا سکتے نہ مددگار

۲۲.	اللہ کے اس دستور کے مطابق جو چلا آیا ہے اس سے پہلے سے اور تم ہرگز نہیں پا سکو گے اللہ کے دستور کے لئے (کسی طرح کی) کوئی تبدیلی

۲۴.	اور وہ (قادر مطلق) وہی ہے جس نے روک دیا ان کے ہاتھوں کو تم سے اور تمہارے ہاتھوں کو ان سے مکہ کی وادی میں اس کے بعد کہ اللہ نے تم کو ان پر کامیابی عطا فرما دی تھی اور اللہ پوری طرح دیکھتا ہے ان تمام کاموں کو جو تم لوگ کر رہے ہو

۲۵.	یہ وہی لوگ ہیں جو اڑے ہوئے ہیں اپنے کفر (و باطل) پر اور انہوں نے تم کو روکا مسجد حرام سے اور قربانی کے جانوروں کو ان کی قربانی کی جگہ پہنچنے سے اور اگر نہ ہوتے (مکہ میں) کچھ ایسے ایماندار مرد اور ایماندار عورتیں جن کو تم نہیں جانتے تھے اور اس بات کا خدشہ نہ ہوتا کہ تم ان کو روند ڈالو گے انجانے میں جس کے نتیجے میں تم پر حرف آتا (سو اگر ایسے نہ ہوتا تو ان کا قصہ چکا دیا جاتا مگر ایسے نہیں کیا کہ) تاکہ اللہ داخل فرمائے اپنی رحمت میں جس کو چاہے اگر یہ لوگ الگ ہو گئے ہوتے (اہل مکہ سے) تو ہم ضرور ایک دردناک عذاب دے دیتے اہل مکہ میں سے ان لوگوں کو جو اڑے ہوئے تھے اپنے کفر (و باطل) پر

۲۶.	(اور اسی بناء پر اس وقت) جب کہ بٹھا دی ان کافروں نے اپنے دلوں میں جاہلیت کی آڑ تو اللہ نے (اپنے فضل و کرم سے) اتار دیا اپنا سکون و اطمینان اپنے رسول اور

(صدق دل سے) ایمان لانے والوں پر اور اس نے پابند کر دیا ان کو (اس نازک موقع پر) تقوی (و پرہیزگاری) کی بات کا اور وہی سب سے زیادہ اس کے حقدار بھی تھے اور اس کے اہل (اور لائق) بھی اور اللہ تو ہر چیز کو پوری طرح جانتا ہے

۲۷. بلاشبہ اللہ نے سچا خواب دکھایا اپنے رسول کو جو کہ ٹھیک حق کے مطابق تھا تم لوگ ضرور بالضرور داخل ہوؤ گے مسجد حرام میں پورے امن و امان کے ساتھ تم میں سے کچھ اپنے سروں کو منڈوائے ہوں گے اور کچھ اپنے بالوں کو چھوٹا کرائے ہوں گے تمہیں کسی کا خوف نہ ہو گا سو اللہ جانتا تھا ان تمام باتوں کو جن کو تم نہیں جانتے تھے سو (اسی بناء پر) اس نے تمہیں اس سے پہلے ہی نواز دیا ایک قریبی فتح سے

۲۸. وہ (وحدہٗ لاشریک) وہی ہے جس نے بھیجا اپنے رسول کو ہدایت (کی دولت) اور دین حق (کی نعمت) کے ساتھ تاکہ وہ غالب کر دے اس (دین حق) کو تمام دینوں پر اور کافی ہے اللہ گواہی دینے کو (حق اور حقیقت کے لئے)

۲۹. محمد اللہ کے رسول ہیں اور جو لوگ آپ کے ساتھ ہیں وہ کافروں کے مقابلے میں بڑے سخت اور آپس میں انتہائی مہربان ہیں تم انہیں دیکھو گے تو ان کو رکوع و سجود کرنے والے اور (ہر حال میں) اللہ کا فضل اور اس کی خوشنودی کی تلاش کرتے پاؤ گے ان کی نشانی (چمک رہی ہو گی) ان کے چہروں میں سجدوں کے اثرات کی بناء پر یہ ہے ان کی صفت تورات میں اور ان کی صفت انجیل میں مثل اس کھیت کے جس نے اپنی سوئی نکالی پھر اس نے اس کو قوت دی جس سے وہ موٹی ہو گئی پھر وہ سیدھی کھڑی ہو گئی اپنے تنے پر جو خوشی کا سامان بنتی ہے کاشتکاروں کے لئے تاکہ وہ جلائے ان کے ذریعے کافروں (کے دلوں) کو وعدہ فرمایا ہے اللہ نے ان میں سے ان (خوش نصیبوں) سے جو (صدق دل سے) ایمان

لائے اور (اس کے مطابق) انہوں نے کام بھی نیک کیے عظیم الشان بخشش اور بہت بڑے اجرو (ثواب) کا

***

# ۴۹۔ الحجرات

بِسۡمِ اللّٰہِ الرَّحۡمٰنِ الرَّحِیۡمِ

اللہ کے نام سے جو رحمان ورحیم ہے

١. اے وہ لوگوں جو ایمان لائے ہو پیش قدمی مت کرنا تم اللہ اور اس کے رسول کے (حکم کے) آگے اور (ہمیشہ اور ہر حال) میں ڈرتے رہا کرو تم اللہ سے بیشک اللہ (ہر کسی کی) سنتا (سب کچھ) جانتا ہے

٢. اے وہ لوگوں جو ایمان لائے ہو بلند نہیں کرنا اپنی آوازوں کو پیغمبر کی آواز سے اور نہ ہی ان سے ایسی اونچی آواز میں بات کرنا جس طرح کہ تم آپس میں ایک دوسرے سے بات کرتے ہو کہیں ایسا نہ ہو کہ اکارت ہو جائیں تمہارے سب عمل اور تمہیں خبر بھی نہ ہو

٣. بیشک جو لوگ پست رکھتے ہیں اپنی آوازوں کو اللہ کے رسول کے حضور اللہ نے جانچ (اور پرکھ) لیا ان کے دلوں کو قوی (و پرہیزگاری) کے لئے ایسے (خوش نصیب) لوگوں کے لئے عظیم الشان بخشش بھی ہے اور بہت بڑا اجر بھی

٤. بلاشبہ جو لوگ پکارتے ہیں آپ کو (اے پیغمبر!) حجروں کے باہر سے ان میں سے اکثر بے عقل ہیں

٥. اور اگر یہ لوگ صبر سے کام لیتے یہاں تک کہ آپ ﷺ خود ہی ان کے پاس نکل آتے تو یہ زیادہ بہتر ہوتا خود ان کے لئے اور اللہ بڑا ہی درگزر کرنے والا انتہائی مہربان ہے

٦. اے وہ لوگوں جو ایمان لائے ہو اگر کوئی فاسق آدمی تمہارے پاس کوئی خبر لایا کرے تو تم اس کی اچھی طرح تحقیق کرلیا کرو کہیں ایسا نہ ہو کہ تم کوئی نقصان پہنچا بیٹھو کسی قوم کو جہالت (و نادانی) کی بناء پر تو پھر اس کے نتیجے میں تمہیں خود اپنے کئے پر ندامت اٹھانا پڑ جائے

٧. اور خوب جان رکھو کہ تمہارے درمیان اللہ کا رسول موجود ہے اگر وہ بہت سی باتوں میں تمہارا کہنا مان لیا کرے تو تم لوگ خود ہی سخت مشکلات میں پڑ جاؤ لیکن اللہ نے تم کو (اس سے بچا کر) ایمان کی محبت سے نواز دیا اور اس کو مزین (و محبوب) بنا دیا تمہارے دلوں میں اور تمہارے اندر نفرت (و کراہیت) پیدا کر دی کفر نافرمانی اور گناہ سے ایسے ہی لوگ راہ راست پر ہیں

٨. محض اللہ کے فضل اور اس کے احسان سے اور اللہ سب کچھ جانتا نہایت حکمت والا ہے

٩. اور اگر مسلمانوں کے دو گروہ آپس میں لڑ پڑیں تو تم ان کے درمیان صلح کرا دیا کرو پھر اگر ان میں سے ایک دوسرے پر زیادتی کرے تو تم اس سے لڑو جو زیادتی کرتا ہے یہاں تک کہ وہ لوٹ آئے اللہ کے حکم کی طرف پھر اگر وہ لوٹ آئے پس تم صلح کرادو ان دونوں کے درمیان عدل (و انصاف) کے ساتھ اور یوں بھی انصاف ہی کیا کرو کہ بیشک اللہ محبت کرتا ہے انصاف کرنے والوں کے ساتھ

١٠. سوائے اس کے نہیں کہ ایمان والے آپس میں بھائی ہیں پس (اختلاف کی صورت میں) تم صلح کرا دیا کرو اپنے دونوں بھائیوں کے درمیان اور (ہر حال میں) ڈرتے رہا کرو تم لوگ اللہ سے (اور بچتے رہا کرو اس کی نافرمانی سے) تاکہ تم پر رحم کیا جائے

۱۱. اے وہ لوگوں جو ایمان لائے ہو نہ مرد مذاق اڑائیں دوسرے مردوں کا ہو سکتا ہے کہ وہ ان (مذاق اڑانے والوں) سے کہیں بڑھ کر اچھے ہوں اور نہ عورتیں مذاق اڑائیں دوسری عورتوں کا ہو سکتا ہے کہ وہ ان (مذاق اڑانے والیوں) سے کہیں بڑھ کر اچھی ہوں نہ تم آپس میں ایک دوسرے کو طعنے دو اور نہ ایک دوسرے کے برے نام رکھو کہ بڑا برا نام ہے گنہگاری (دولتِ) ایمان (سے سرفرازی) کے بعد اور جو باز نہیں آئیں گے تو وہی ہیں ظالم

۱۲. اے وہ لوگوں جو ایمان لائے ہو بچتے رہا کرو تم بہت سے گمانوں سے کہ بعض گمان یقیناً گناہ ہوتے ہیں اور نہ تم تجسس کرو (اور نہ کسی کے عیب تلاش کرو) اور نہ ہی تم میں سے کوئی کسی کی غیبت کرے کیا تم میں سے کوئی یہ پسند کرے گا کہ وہ گوشت کھائے اپنے مرے ہوئے بھائی کا؟ اس کو تو تم لوگ خود ہی برا سمجھتے ہو اور (ہر حال میں) ڈرتے رہا کرو تم اللہ سے (اور بچتے رہا کرو اس کی نافرمانی سے) اللہ بڑا ہی توبہ قبول کرنے والا انتہائی مہربان ہے

۱۲. اے لوگوں یقیناً ہم نے تم سب کو ایک ہی مرد اور عورت سے پیدا کیا ہے اور تمہیں مختلف قوموں اور خاندانوں میں (محض اس لئے) تقسیم کر دیا کہ تاکہ تم آپس میں پہچان کر سکو بیشک اللہ کے یہاں تم میں سے سب سے بڑا عزت دار وہ شخص ہے جو سب سے زیادہ متقی (و پرہیزگار) ہو بیشک اللہ پوری طرح جانتا ہے (تمہارے عمل و کردار کو اور وہ) پوری طرح باخبر ہے (تمہاری احوال سے)

۱۴. یہ بدوی لوگ کہتے ہیں کہ ہم ایمان لے آئے (ان سے) کہو کہ تم ایمان نہیں لائے ہاں یوں کہو کہ ہم مسلمان ہو گئے کہ ایمان تو ابھی تمہارے دلوں میں داخل نہیں ہوا اور اگر تم

نے (صدق دل سے) اطاعت و فرمانبرداری کی اللہ اور اس کے رسول کی تو اللہ تمہارے اعمال میں سے کچھ بھی کم نہیں کرے گا بلاشبہ اللہ بڑا ہی درگزر فرمانے والا انتہائی مہربان ہے

۱۵. مومن تو حقیقت میں وہی لوگ ہیں جو (صدق دل سے) ایمان لائے اللہ اور اس کے رسول پر پھر انہوں نے کوئی شک نہیں کیا اور انہوں نے جہاد کیا اپنے مالوں اور اپنی جانوں کے ساتھ اللہ کی راہ میں یہی لوگ ہیں سچے

۱۶. (ان سے) کہو (اے پیغمبر!) کہ کیا تم اللہ کو آگاہ کر رہے ہو اپنے دین کے بارے میں؟ حالانکہ اللہ جانتا ہے وہ سب کچھ جو کہ آسمانوں میں ہے اور جو زمین میں ہے اور اللہ ہر چیز کو پوری طرح جانتا ہے

۱۷. یہ لوگ آپ پر احسان رکھتے ہیں اس بات کا یہ اسلام لائے ہیں (ان سے) کہو کہ اپنے اسلام کا احسان مجھ پر نہ رکھو بلکہ احسان تو اللہ نے تم پر فرمایا ہے کہ اس نے تمہیں ایمان کی ہدایت سے نوازا اگر تم سچے ہو (اپنے دعوی ایمان میں)

۱۸. بلاشبہ اللہ جانتا ہے آسمانوں اور زمین کے غیب (اور ان کی چھپی باتوں) کو اور اللہ پوری طرح نگاہ میں رکھے ہوئے ہے ان تمام کاموں کو جو تم کرتے ہو

***

# ۵۰۔ ق

بِسۡمِ اللّٰہِ الرَّحۡمٰنِ الرَّحِیۡمِ

اللہ کے نام سے جو رحمان ور حیم ہے

١. قٓ قسم ہے اس قرآن کی جو بڑا ہی عزت وشان والا ہے

٢. (ان لوگوں کا انکار کسی بنیاد پر مبنی نہیں) بلکہ ان کو تعجب اس بات پر ہوا کہ ان کے پاس ایک خبردار کرنے والا آگیا خود انہی میں سے جس پر یہ کافر کہنے لگے کہ یہ تو بڑی عجیب بات ہے

٣. کیا جب ہم مر کر مٹی ہو جائیں گے (تو دوبارہ اٹھائے جائیں گے؟) یہ لوٹنا تو بہت بعید (از عقل) ہے

٤. حالانکہ ہمیں پوری طرح معلوم ہے وہ سب کچھ جو کہ زمین کھاتی ہے ان کے جسموں میں سے اور ہمارے پاس ایک ایسی کتاب ہے جس میں سب کچھ محفوظ ہے

٥. (اور تعجب ہی نہیں) بلکہ انہوں نے صاف (اور صریح) طور پر جھٹلا دیا حق کو جب کہ وہ ان کے پاس پہنچ گیا جس کے باعث یہ لوگ ایک بڑے ہی الجھن والے معاملے میں پڑے ہیں

٦. تو کیا انہوں نے کبھی دیکھا نہیں اپنے اوپر (تنے ہوئے) اس آسمان کو کہ کس طرح بنایا ہم نے اس کو (مضبوطی اور حکمت کے ساتھ) اور اس کو مزین (و آراستہ) کر دیا

(ستاروں کے ان عظیم الشان چراغوں کے ساتھ) اور (اس طور پر کہ) اس میں کوئی رخنہ تک نہیں

۷. اور زمین (کے اس عظیم الشان کرے) کو بھی ہم ہی نے بچھایا ہے اور اس میں (پہاڑوں کے) عظیم الشان لنگر بھی ہم ہی نے ڈالے ہیں اور ہم ہی نے اس میں اگائی ہر قسم کی (عمدہ اور) خوشنما پیداوار

۸. سامان بصیرت اور یاددہانی کے طور پر ہر اس بندے کے لئے جو رجوع کرنے والا ہو (حق اور حقیقت کی طرف)

۹. اور ہم ہی نے اتارا آسمان سے برکتوں بھرا پانی پھر اس کے ذریعے ہم نے اگائے طرح طرح کے باغات اور غلے کھیتوں کے

۱۰. اور کھجوروں کے ایسے لمبے لمبے درخت بھی جن کے خوشے تہ بہ تہ لگے (اور خوب گندے ہوئے) ہوتے ہیں

۱۱. روزی دینے کے لئے اپنے بندوں کو اور اسی (پانی) کے ذریعے ہم زندگی بخش دیتے ہیں کسی مردہ پڑی ہوئی زمین کو اسی طرح ہوگا نکلنا (مردوں کا اپنی قبروں سے اپنے وقت مقرر پر)

۱۲. (اسی طرح) جھٹلایا (حق اور حقیقت کو) ان سے پہلے قوم نوح نے اور کنوئیں والوں نے اور قوم ثمود نے

۱۲. اور قوم عاد اور فرعون نے اور لوط کے بھائیوں نے

۱۴. اور ایکہ والوں نے اور تبع کی قوم نے بھی ان سب نے جھٹلایا ہمارے رسولوں کو آخرکار (ان پر) چسپاں ہو کر رہی میری وعید

۱۵.　توکیا ہم عاجز ہو گئے پہلی مرتبہ پیدا کرنے سے؟ (کچھ بھی نہیں) بلکہ یہ لوگ شک (اور شبہے) میں پڑے ہیں نئی پیدائش کے بارے میں

۱۶.　اور بلاشبہ ہم ہی نے پیدا کیا ہے انسان کو اور ہم پوری طرح جانتے ہیں اس کے ان وسوسوں کو جو اس کے دل میں گزرتے ہیں اور ہم اس سے اس کی رگ جان سے بھی زیادہ قریب ہیں

۱۷.　(اور ہمارے اس براہ راست علم کے علاوہ یہ حقیقت بھی دھیان میں رہے کہ) جب اخذ کر رہے ہوتے ہیں دو اخذ کرنے والے (ان میں سے) ایک داہنے بیٹھا ہوتا ہے اور ایک بائیں

۱۸.　وہ منہ سے کوئی بات بھی نکالنے نہیں پاتا مگر اس کے پاس ایک حاضر باش نگران موجود رہتا ہے

۱۹.　اور (یہ لو) آ پہنچی سختی موت کی حق کے ساتھ (تب کہا جائے گا اس غافل انسان سے کہ) یہ ہے وہ چیز جس سے تو بھاگتا تھا

۲۰.　اور پھونک ماردی جائے گی صور میں (دوسری مرتبہ جس سے سب از سر نو زندہ ہو جائیں گے) یہ ہے وہ دن جس سے تمہیں ڈرایا جاتا تھا (دنیا میں)

۲۱.　اور آ گیا ہر شخص (میدان حشر میں اپنے کئے کرائے کا حساب دینے کو) اس حال میں کہ اس کے ساتھ ایک ہانکنے والا ہو گا اور ایک گواہ

۲۲.　(کہا جائے گا کہ) تو تو اس سے بالکل غفلت میں تھا پس ہٹا دیا ہم نے تجھ سے تیرا پردہ سو آج تیری نگاہ بڑی تیز ہے

۲۲.	اس کا ساتھی (فرشتہ) کہے گا کہ یہ ہے وہ (روزنامچہ) جو میری سپردگی میں تھا (حاضر و) تیار

۲۴.	(حکم ہو گا کہ) ڈال دو جہنم (کی اس دہکتی بھڑکتی آگ) میں ہر کٹے کافر کو جو عناد (اور دشمنی) رکھنے والا تھا (حق اور اہل حق سے)

۲۵.	جو بھلائی سے روکنے والا حد سے بڑھنے والا اور شک میں ڈالنے والا تھا

۲۶.	جس نے اللہ کے ساتھ کسی اور (فرضی معبود) کو خدا بنا رکھا تھا سو ڈال دو اس کو ایسے نہایت سخت (اور انتہائی ہولناک) عذاب میں

۲۷.	اس کا دوسرا ساتھی (شیطان) کہے گا کہ اے ہمارے رب میں نے اس کو (کوئی جبرا) گمراہ نہیں کیا تھا بلکہ یہ خود ہی پڑا تھا پرلے درجے کی گمراہی میں

۲۸.	ارشاد ہو گا کہ جھگڑا مت کرو میرے حضور یقیناً میں نے تم کو پہلے ہی (صاف و صریح طور پر) خبردار کر دیا تھا اس انجام بد سے

۲۹.	میرے یہاں نہ بات بدلی جاتی ہے اور نہ ہی میں کوئی ظلم کرنے والا ہوں اپنے بندوں پر

۲۰.	(لوگو! یاد کرو اس ہولناک دن کو کہ) جس دن ہم جہنم سے کہیں گے کہ کیا تو بھر گئی؟ تو وہ کہے گی کہ کیا کچھ اور بھی ہے؟

۲۱.	اور قریب کر دیا جائے گا (اس روز) جنت کو پرہیزگاروں کے (اور اس قدر کہ) وہ ان سے کچھ بھی دور نہ ہو گی

۲۲. (اور ان سے کہا جائے گا ان کے سرور کو دوبالا کرنے کے لئے کہ) یہ ہے وہ چیز جس کا تم لوگوں سے وعدہ کیا جاتا تھا ہر اس شخص کے لئے جو بہت رجوع رہنے والا اور بڑا پابندی کرنے والا تھا

۲۲. جو ڈرتا رہتا تھا (خدائے) رحمان سے بن دیکھے اور وہ حاضر ہوا (اپنے رب کے حضور) دل گرویدہ کے ساتھ

۲۴. (سو ایسوں کو ارشاد ہو گا کہ) داخل ہو جاؤ تم اس (جنت) میں سلامتی کے ساتھ یہ ہے ہمیشہ رہنے (اور حیات ابدی سے سرفراز ہونے) کا دن

۲۵. ان کے لئے وہاں وہ سب کچھ ہو گا جو وہ چاہیں گے اور ہمارے پاس (ان کے لئے) اس سے بھی زیادہ بہت کچھ موجود ہو گا

۲۶. اور کتنی ہی قوموں کو ہم ہلاک کر چکے ہیں ان سے پہلے (ان کے کئے کرائے کی پاداش میں) جو ان (موجودہ کفار) سے کہیں بڑھ کر سخت تھیں (اپنی طاقت و قوت کے اعتبار سے) سو انہوں نے چھان مارا تھا (شہروں) اور ملکوں کو تو کیا (ہماری پکڑ کے وقت) وہ پا سکے کوئی جائے پناہ؟

۲۷. بیشک اس میں بڑا بھاری درس عبرت اور (سامان فکر و بصیرت) ہے ہر اس شخص کے لئے جو دل رکھتا ہو یا وہ توجہ کرے (درس عبرت کی طرف) دل لگا کر

۲۸. اور بلاشبہ ہم ہی نے پیدا کیا آسمانوں اور زمین کو اور ان دونوں کے درمیان کی اس ساری کائنات کو چھ دنوں (کی مدت) میں اور ہمیں چھوا تک نہیں کسی قسم کی تکان نے

۳۹.	سو آپ صبر ہی سے کام لیتے رہیں (اے پیغمبر!) ان تمام باتوں پر جو یہ لوگ بناتے ہیں (حق اور اہل حق کے خلاف) اور تسبیح کرتے رہو اپنے رب کی حمد (وثنا) کے ساتھ سورج کے طلوع ہونے سے پہلے بھی اور اس کے چھپنے سے پہلے بھی

۴۰.	اور رات کے کچھ حصے میں بھی اس کی تسبیح کیا کرو اور (اس کے حضور) سجدہ ریزیوں کے بعد بھی

۴۱.	اور کان لگا کر سنو (حال اس دن کا) جس دن کہ پکارے گا پکارنے والا ایسی جگہ سے جو (ہر شخص کے) بالکل قریب ہی ہوگی

۴۲.	جس دن کہ سب لوگ سنیں گے (آوازہ حشر کی) اس ہولناک آواز کو یہ دن ہوگا (مردوں کے) نکلنے کا (ان کی قبروں سے)

۴۳.	بلاشبہ زندگی بھی ہم ہی بخشتے ہیں اور موت بھی ہم ہی دیتے ہیں اور آخر کار ہماری ہی طرف لوٹنا ہے (سب کو)

۴۴.	جس دن کہ پھٹ پڑے گی زمین ان (مردوں) سے (اور یہ نکلتے ہی) دوڑے جا رہے ہوں گے (میدان حشر کی طرف) یہ جمع کرنا ہمارے لئے بہت آسان ہے

۴۵.	ہم خوب جانتے ہیں ان تمام باتوں کو جو یہ لوگ بنا رہے ہیں (حق اور اہل حق کے خلاف) اور آپ ﷺ ان پر کوئی جبر کرنے والے نہیں ہیں پس آپ نصیحت (و یاد دہانی) کرتے رہیں اس قرآن کے ذریعے ہر اس شخص کو جو ڈرتا ہو میری وعید (اور پکڑ) سے

***

# ۵۱۔ الذاریات

بِسۡمِ اللّٰہِ الرَّحۡمٰنِ الرَّحِیۡمِ

اللہ کے نام سے جو رحمان و رحیم ہے

۱. قسم ہے ان ہواؤں کی جو بکھیرتی ہیں اڑا کر

۲. پھر ان بادلوں کو جو اٹھاتے ہیں ایک (بھاری بھر کم) بوجھ کو

۲. پھر ان کشتیوں کی جو چلتی ہیں نرمی سے

۴. پھر ان فرشتوں کی جو تقسیم کرتے ہیں حکم کے مطابق

۵. بلاشبہ جس چیز کا تم سے وعدہ کیا جا رہا ہے (اے لوگو) وہ قطعی طور پر سچی ہے

۶. اور بلاشبہ جزا و سزا (اور عدل و انصاف کے عمل) نے بہر حال ہو کر رہنا ہے

۷. قسم ہے راستوں والے آسمان کی

۸. بیشک تم لوگ پڑے ہو ایک سخت ہی اختلاف والی بات میں

۹. اس سے وہی پھیرا جاتا ہے جو (ازل سے ہی) پھیر دیا گیا

۱۰. ہلاک ہو گئے وہ اٹکل پچو باتیں بنانے والے

۱۱. جو نشے میں پڑے بھولے ہوئے ہیں

۱۲. جو (استہزاء کے طور پر) کہتے ہیں کہ کب ہو گا جی بدلے کا وہ دن ؟

۱۲. (سو وہ اس دن ہو گا کہ) جس دن ان کو جلایا جائے گا اس (انتہائی ہولناک) آگ میں

۱۴.	(اور ان سے کہا جائے گا کہ) لو اب چکھو تم مزہ اپنے فتنے کا یہی ہے وہ چیز جس کی تم لوگ جلدی مچایا کرتے تھے

۱۵.	(اس کے بر عکس) پرہیزگار لوگ (عیش کر رہے) ہوں گے عظیم الشان جنتوں اور طرح طرح کے چشموں میں

۱۶.	(وہ بڑھ بڑھ کر) لے رہے ہوں گے ان نعمتوں کو جو انکو بخشی ہونگی ان کے رب نے کیونکہ وہ اس دن سے پہلے (دنیا میں) نیکو کار تھے

۱۷.	وہ راتوں کو بھی کم ہی سویا کرتے تھے اور

۱۸.	(اس سب عبادت گزاری کے باوجود) وہ رات کے پچھلے پہروں میں (اپنے رب سے) معافی مانگا کرتے تھے

۱۹.	اور ان کے مالوں میں حق ہوتا تھا مانگنے والے کا بھی اور نہ مانگنے والے محتاج کا بھی

۲۰.	اور یقین لانے والوں کے لئے بڑی نشانیاں ہیں اس زمین میں بھی

۲۱.	اور خود تمہاری اپنی جانوں میں بھی (اے لوگو) تو کیا تمہیں دکھلائی نہیں دیتا؟

۲۲.	اور آسمان (یعنی عالم بالا) ہی میں تمہاری روزی بھی ہے اور وہ سب کچھ بھی جس کا تم لوگوں سے وعدہ کیا جاتا ہے

۲۲.	پس قسم ہے آسمان اور زمین کے رب کی یہ قطعی طور پر حق ہے (ایسے ہی) جیسے تم لوگ آپس میں باتیں کرتے ہو

۲۴.	کیا آپ کو ابراہیم کے ان معزز مہمانوں کی خبر پہنچی ہے؟

۲۵. جب کہ وہ آپ کے پاس آئے پھر انہوں نے آپ کو سلام کیا ابراہیم نے بھی سلام کا جواب دیا (اور کہا کہ) کچھ اوپرے سے لوگ ہی

۲۶. پھر آپ چپکے سے اپنے گھر والوں کے پاس گئے اور کچھ زیادہ دیر نہیں ہوئی تھی کہ آپ ایک موٹا تازہ (بھنا ہوا) پورا بچھڑا لے آئے

۲۷. اور اسے ان کے سامنے رکھ کر کہا کیا آپ حضرات کھاتے نہیں ہیں؟

۲۸. پھر (بھی ان کے نہ کھانے پر) آپ نے اپنے دل میں ایک خوف سا محسوس کیا انہوں نے کہا ڈرو نہیں اور (مزید یہ کہ) انہوں نے آپ کو خوشخبری بھی دی ایک بڑے (ہونہار اور) عالم فرزند کی

۲۹. اس پر آپ کی اہلیہ بولتی پکارتی نکل آئیں چنانچہ انہوں نے اپنے ماتھے پر ہاتھ مارا اور کہا میں تو ایک بڑھیا ہوں بانجھ

۳۰. انہوں نے کہا یونہی فرمایا ہے آپ کے رب نے بلاشبہ وہی حکمت والا سب کچھ جانتا

۳۱. تب ابراہیم نے ان سے پوچھا کہ اچھا تو آپ حضرات کی اصل مہم کیا ہے اے فرستادو؟

۳۲. تو انہوں نے بتایا کہ ہم کو تو دراصل بھیجا گیا ہے ایک ایسی قوم کی طرف جو کہ سخت مجرم ہے

۳۳. تاکہ ہم برسا دیں ان پر پکی ہوئی مٹی کے ایسے پتھر

۳۴. جن پر نشان لگے ہوئے ہوں گے آپ کے رب کے یہاں سے حد سے بڑھنے والوں کے لئے

۳۵. پھر نکال دیا ہم نے اس بستی سے جو بھی کوئی ایماندار وہاں موجود تھا

۳۶. مگر ہم نے اس میں ایک کے سوا مسلمانوں کا کوئی گھر پایا ہی نہیں

۳۷. اور چھوڑ دی ہم نے اس (واقعے) میں ایک بھاری نشانی ان لوگوں کے لئے جو ڈرتے ہیں دردناک عذاب سے

۳۸. اور موسیٰ (کے قصے) میں بھی جب کہ ہم نے ان کو بھیجا (رسول بنا کر) فرعون کی طرف ایک کھلی سند (اور دلیل) کے ساتھ

۳۹. مگر اس نے سرتابی ہی کی اپنے ارکان سلطنت کے ساتھ اور اس نے (پوری رعونت کے ساتھ) کہا کہ یہ شخص یا تو کوئی جادوگر ہے یا دیوانہ

۴۰. آخرکار ہم نے پکڑا اس کو بھی اور اس کے لشکروں کو بھی پھر ان سب کو ہم نے (کچرے کی طرح) پھینک دیا سمندر میں اس حال میں کہ وہ ملامت زدہ تھا

۴۱. اور عاد (کے قصہ) میں بھی (ہم نے بڑی بھاری نشانی رکھ دی) جب کہ ہم نے ان پر وہ انتہائی سخت آندھی بھیجی وہ (ایسی ہولناک ہوا تھی کہ) جس چیز پر سے بھی وہ گزرتی اس کو بوسیدہ کر کے رکھ دیتی

۴۲. وہ (ایسی ہولناک ہوا تھی کہ) جس چیز پر سے بھی وہ گزرتی اس کو بوسیدہ کر کے رکھ دیتی

۴۲. اور ثمود میں بھی جب کہ ان سے کہہ دیا گیا تھا کہ تم لوگ مزے کر لو ایک خاص وقت تک

۴۴.	مگر (اس تنبیہ و انذار کے باوجود) وہ لوگ سرتابی (و سرکشی) ہی کرتے چلے گئے اپنے رب کے حکم سے سو آخرکار آ پکڑا ان کو اس ہولناک کڑک نے جو (ان کے لئے مقدر ہو چکی تھی) ان کے دیکھتے ہی دیکھتے

۴۵.	سو اس کے بعد نہ تو ان میں کھڑے ہونے کی کوئی سکت تھی اور نہ ہی اپنے بچاؤ کی کوئی طاقت (و قوت)

۴۶.	اور قوم نوح کو بھی (ہم نے ہلاک کیا) اس سے پہلے بیشک وہ بھی بڑے بدکار لوگ تھے

۴۷.	اور آسمان (کے اس عظیم الشان گنبد) کو بھی ہم ہی نے بنایا (اپنی قوت و) زور سے اور بیشک ہم بڑی ہی قدرت والے ہیں

۴۸.	اور زمین (کے اس عظیم الشان کرے) کو بھی ہم ہی نے بچھایا سو ہم کیا ہی خوب بچھانے والے ہیں

۴۹.	اور ہر چیز کے ہم نے جوڑے بنائے تاکہ تم لوگ (اس سے) سبق لو

۵۰.	پس تم سب دوڑو اللہ کی طرف (اے لوگو!) بیشک میں تم سب کے لئے اس کی طرف سے صاف صاف خبردار کرنے والا ہوں

۵۱.	اور مت بناؤ تم اللہ کے ساتھ کوئی دوسرا معبود بلاشبہ میں تمہارے لئے اس کی طرف سے صاف صاف خبردار کرنے والا ہوں

۵۲.	اسی طرح ان سے پہلوں کے پاس بھی جب بھی کوئی رسول آیا تو انہوں نے بھی یہی کہا کہ یہ ایک جادوگر ہے یا دیوانہ

۵۳. کیا ان لوگوں نے آپس میں اس بات پر کوئی سمجھوتہ کر لیا تھا؟ (نہیں) بلکہ یہ سب ہی سرکش لوگ ہیں

۵۴. پس آپ رخ پھیر لیں ان (کی ان بے ہودگیوں اور سرکشیوں) سے اس میں آپ پر کوئی الزام نہیں

۵۵. اور (یوں عام) نصیحت کرتے رہو کہ بیشک نصیحت بہرحال فائدہ دیتی ہے ایمان والوں کو

۵۶. اور میں نے جنوں اور انسانوں کو اس کے سوا اور کسی کام کے لئے پیدا نہیں کیا کہ وہ میری بندگی کریں

۵۷. نہ تو میں ان سے کوئی روزی چاہتا ہوں اور نہ ہی میں یہ چاہتا ہوں کہ یہ مجھے کھلائیں

۵۸. بلاشبہ اللہ ہی سب کو روزی دینے والا بڑی قوت والا انتہائی زور والا ہے

۵۹. پس ان لوگوں کے لئے جو اڑے ہوئے ہیں اپنے ظلم (و باطل) پر یقیناً ایک حصہ ہے جیسا کہ انہی جیسے دوسرے لوگوں کو اپنا حصہ مل چکا ہے لہذا یہ لوگ مجھ سے جلدی نہ مچائیں

۶۰. سو انجام کار بڑی (ہی خرابی اور) ہلاکت ہے ان لوگوں کے لئے جو اڑے ہوئے ہیں اپنے کفر (و باطل) پر ان کے اس دن سے جس سے ان کو ڈرایا (اور خبردار) کیا جا رہا ہے

***

# ۵۲۔ الطور

بِسۡمِ اللّٰہِ الرَّحۡمٰنِ الرَّحِیۡمِ

اللہ کے نام سے جو رحمان و رحیم ہے

١. قسم ہے طور کی
٢. اور اس کتاب کی جو لکھی ہوئی ہے
٣. ایک کھلے ہوئے دفتر میں
٤. اور اس آباد گھر کی
٥. اور اس اونچی چھت کی
٦. اور اس جوش مارتے ہوئے سمندر کی
٧. بیشک تمہارے رب کے عذاب نے بہر حال ہو کر رہنا ہے
٨. اسے کوئی ٹالنے والا نہیں
٩. جس دن کہ لرز اٹھے گا آسمان کپکپا کر
١٠. اور چل پڑیں گے پہاڑ اپنی اپنی جگہوں کو چھوڑ کر
١١. سو اس دن بڑی ہی خرابی (اور ہلاکت) ہے ان جھٹلانے والوں کے لئے

۱۲. جو اپنی حجت بازیوں (کی دلدل) میں پڑے کھیل رہے ہیں

۱۲. جس دن کہ ان کو دھکے مار مار کر لے جایا جائے گا دوزخ کی اس آتش (سوزاں) کی طرف

۱۴. (اور تحقیر و تذلیل مزید کے لئے ان سے کہا جائے گا کہ لو) یہ ہے وہ آگ جس کو تم لوگ جھٹلایا کرتے تھے

۱۵. اب بتاؤ کیا یہ جادو ہے یا تمہیں سوجھتا نہیں؟

۱۶. اب داخل ہو جاؤ تم اس میں پس اب تم صبر کرو یا نہ کرو تم پر برابر ہے تمہیں تو بس ان ہی اعمال کا بدلہ دیا جا رہا ہے جو تم لوگ خود کرتے رہے تھے (اپنی دنیاوی زندگی میں)

۱۷. اس کے برعکس متقی (و پرہیزگار) لوگ طرح طرح کے عظیم الشان باغوں اور قسما قسم کی نعمتوں میں (رہ بس رہے) ہوں گے

۱۸. لطف اندوز ہو رہے ہوں گے وہ ان طرح طرح کی چیزوں سے جو ان کو وہاں عطا فرمائی ہوں گی ان کے رب نے اور بچا لیا ہو گا ان کو ان کے رب نے دوزخ کے عذاب سے

۱۹. (اور ان کے لطف و سرور کو مزید دوبالا کرنے کے لئے ان سے کہا جائے گا کہ) کھاؤ پیو تم اپنے ان اعمال کے صلہ (و بدلہ) میں جو تم کرتے رہے تھے (اپنی فرصت حیات میں)

۲۰. وہ (نہایت آرام و سکون سے) ٹیک لگائے بیٹھے ہوں گے آمنے سامنے بچھے عظیم الشان تختوں پر اور ہم نے ان کو بیاہ دیا ہو گا خوبصورت آنکھوں والی حوروں سے

۲۱. اور جو لوگ ایمان لائے اور ان کی اولاد بھی ان کے نقش قدم پر چلی (دولت) ایمان کے ساتھ تو ہم ان کی ایسی اولاد کو بھی ان کے ساتھ شامل کر دیں گے (جنت میں) اور ہم ان

(متبوع اہل جنت) کے عمل میں سے کچھ بھی کم نہیں کریں گے ہر کوئی اپنے (زندگی بھر کے) کئے (کرائے) کے بدلے میں گروی ہے

۲۲. اور ہم خوب دئیے چلے جائیں گے ان کو ہر طرح کے عمدہ پھل اور گوشت جیسا وہ چاہیں گے (اور جس کی وہ خواہش کریں گے)

۲۲. اور وہاں پر وہ ایک دوسرے سے لپک لپک کر لے رہے ہوں گے ایسی جام شراب جس میں نہ کوئی بے ہودگی ہوگی اور نہ کوئی گنہگاری

۲۴. اور ان کی خدمت گزاری کے لئے چل پھر رہے ہوں گے (ایسے خوب صورت) لڑکے جیسے کہ وہ ایسے موتی ہوں جن کو چھپا کر رکھا گیا ہو

۲۵. اور جنت والے آپس میں ایک دوسرے کی طرف متوجہ ہو کر پوچھیں گے

۲۶. کہیں گے کہ ہم تو اس سے پہلے (دنیا میں) اپنے گھر والوں میں ڈرتے رہا کرتے تھے (اپنے رب کی ناراضگی و پکڑ سے)

۲۷. پس اللہ نے ہم پر احسان فرما لیا اور بچا لیا ہمیں اس جھلسا دینے والی ہولناک آگ کے عذاب سے

۲۸. ہم اس سے پہلے صرف اسی کو پکارا کرتے تھے بلاشبہ وہی ہے بڑا احسان کرنے والا انتہائی مہربان

۲۹. پس آپ نصیحت کرتے رہیے کہ آپ اپنے رب کی مہربانی سے نہ تو کاہن ہیں نہ مجنون

۳۰. کیا یہ لوگ یوں کہتے ہیں کہ یہ ایک شاعر ہے جس کے بارے میں ہم انتظار کرتے ہیں گردش ایام (کے چکر) کا

۲۱.	(سوان سے) کہو کہ اچھا تو تم انتظار کرتے رہو میں بھی تمہارے ساتھ منتظر ہوں

۲۲.	کیا ان کی عقلیں ان کو ایسی باتیں سکھاتی ہیں یا یہ حد سے گزرنے والے لوگ ہیں؟

۲۲.	کیا یہ لوگ یوں کہتے ہیں کہ اس شخص نے خود ہی گھڑ لیا ہے اس (کتاب حکیم) کو؟ (نہیں) بلکہ اصل بات یہ ہے کہ یہ لوگ ایمان لانا ہی نہیں چاہتے

۲۴.	سو یہ لا دکھائیں اس (کلام محکم نظام) جیسا کوئی کلام اگر یہ سچے ہیں (اپنے اس قول وقرار میں)

۲۵.	کیا یہ لوگ بغیر کسی خالق کے یونہی از خود پیدا ہو گئے؟ یا یہ خود ہی خالق ہیں؟

۲۶.	کیا انہوں نے پیدا کیا آسمانوں اور زمین (کی اس حکمتوں بھری کائنات) کو؟ نہیں بلکہ یہ لوگ یقین نہیں رکھتے

۲۷.	کیا ان کے پاس تمہارے رب کے خزانے ہیں؟ یا یہ ان کے داروغے ہیں؟

۲۸.	کیا ان کے پاس کوئی سیڑھی ہے جس پر چڑھ کر یہ لوگ (عالم بالا کی باتیں) سن لیتے ہیں؟ تو لے آئے ان کا سننے والا کوئی کھلی سند

۲۹.	کیا اللہ کے لئے تو ہوں بیٹیاں اور خود تمہارے لئے ہوں بیٹے؟

۴۰.	کیا آپ ان سے کوئی اجر مانگتے ہیں؟ کہ یہ چٹی کے بوجھ سے دبے جا رہے ہیں؟

۴۱.	کیا ان کے پاس غیب (کے حقائق) کا علم ہے جس کی بناء پر یہ لکھ لیتے ہیں؟

۴۲.	کیا یہ لوگ کوئی داؤ چلنا چاہتے ہیں؟ تو (سن لیں کہ) جو لوگ اڑے ہوئے ہیں اپنے کفر (وباطل) پر وہ خود ہی شکار ہو رہے ہیں اپنی چال بازیوں کے

۴۲.	کیا ان کے لئے کوئی اور معبود ہے اللہ کے سوا؟ (سو واضح رہے کہ) اللہ پاک ہے اس شرک سے جو یہ لوگ کر رہے ہیں

۴۴. اور (ان کی ہٹ دھرمی کا عالم یہ ہے کہ) اگر یہ آسمان کا کوئی ٹکڑا بھی گرتا ہوا دیکھ لیں تو کہیں گے کہ یہ تو ایک بادل ہے تہ بہ تہ جما ہوا

۴۵. پس چھوڑ دو ان کو (ان کے حال پر) یہاں تک کہ یہ پہنچ جائیں اپنے اس (ہولناک) دن کو جس میں ان کے ہوش اڑ جائیں گے

۴۶. جس دن نہ تو ان کو اپنا داؤ کچھ کام آسکے گا اور نہ ان کو (اور کہیں سے) کوئی مدد مل سکے گی

۴۷. اور ان لوگوں کے لئے جو اڑے ہوئے ہیں اپنے ظلم پر یقیناً اس سے پہلے بھی ایک عذاب ہے مگر ان میں سے اکثر جانتے نہیں

۴۸. اور آپ صبر (و برداشت) ہی سے کام لیتے رہیں اپنے رب کے حکم (و فیصلہ) تک کہ یقیناً آپ ہماری آنکھوں کے سامنے ہیں اور تسبیح کرتے رہیں اپنے رب کی حمد کے ساتھ جب آپ اٹھیں

۴۹. اور رات کو بھی اور ستاروں کے پیٹھ پھیرنے (اور ڈوبنے) کے بعد بھی

***

# ۵۳۔ النجم

بِسۡمِ اللّٰهِ الرَّحۡمٰنِ الرَّحِيۡمِ

اللہ کے نام سے جو رحمان ور حیم ہے

۱. قسم ہے تارے کی جب کہ وہ ڈوبنے لگے

۲. تمہارا ساتھی نہ تو بھٹکا ہے نہ بہکا ہے

۲. وہ اپنی خواہش نفس سے بولتا بھی نہیں

۴. وہ تو نری وحی ہوتی ہے جو اس پر نازل کی جاتی ہے

۵. آپ کو سکھایا اس سخت قوتوں والے نے

۶. جو بڑا زور آور ہے چنانچہ وہ (اپنی اصل شکل میں) سامنے آ کھڑا ہوا

۷. جب کہ وہ آسمان کے بلند کنارے پر تھا

۸. پھر وہ نزدیک ہوا پھر اور نزدیک ہوا

۹. یہاں تک کہ دو کمانوں کے برابر یا اس سے بھی کچھ کم فاصلہ رہ گیا

۱۰. تب اللہ نے وحی بھیجی اپنے بندے کی طرف جو کچھ وحی آپ کو فرمانا تھی

۱۱. دل نے جھوٹ نہیں کہا جو کچھ کہ اس نے دیکھا

۱۲. توکیا تم لوگ اس سے اس چیز پر جھگڑتے ہو جس کو اس نے خود دیکھا (اپنی کھلی آنکھوں سے؟)

۱۲. اور بلاشبہ آپ ﷺ نے اس (فرشتہ) کو ایک اور مرتبہ بھی (اپنی اصل شکل میں) اترتے دیکھا

۱۴. یعنی سدرۃ المنتہیٰ کے پاس

۱۵. جس کے پاس جنت الماویٰ ہے

۱۶. جب کہ اس سدرہ پر چھا رہا تھا جو کچھ کہ چھا رہا تھا

۱۷. نگاہ نہ تو چوندھیائی نہ حد سے بڑھی

۱۸. بلاشبہ آپ ﷺ نے دیکھا اپنے رب کی بڑی نشانیوں کو

۱۹. توکیا تم لوگوں نے کبھی لات اور عزیٰ کی حقیقت پر بھی کچھ غور کیا؟

۲۰. اور اس پچھلے تیسرے مناۃ کے بارے میں بھی کبھی سوچا

۲۱. کیا تمہارے لئے تو ہوں بیٹے اور اس کے لئے ہوں بیٹیاں؟

۲۲. تب تو یہ بڑی ہی ٹیڑھی (اور بے ڈھنگی) تقسیم ہے

۲۲. یہ تو محض کچھ نام ہیں جو رکھ لئے ہیں تم لوگوں نے خود اور تمہارے باپ دادا نے (ورنہ) اللہ نے تو ان کے بارے میں کوئی سند نہیں اتاری حقیقت یہ ہے کہ یہ لوگ تو محض وہم و گمان کے پیچھے چلتے ہیں اور ان خواہشات کی پیروی کرتے ہیں جو ان کے نفسوں میں آتی ہیں حالانکہ آچکی ان کے پاس ان کے رب کی جانب سے ہدایت۔

۲۴. کیا انسان کو وہ سب کچھ مل جاتا ہے جس کی وہ تمنا کرتا ہے؟

۲۵. تو (یاد رکھو کہ) اللہ ہی کے لئے ہے آخرت بھی اور (اس سے پہلے یہ) دنیا بھی

۲۶. اور (یہ معبودان باطل تو درکنار یہاں تو حال یہ ہے کہ) کتنے ہی فرشتے ہیں آسمانوں (کی بلندیوں) میں کہ ان کی سفارش بھی کچھ کام نہیں دے سکتی مگر اس کے بعد کہ اللہ اجازت دے۔جس کے لئے وہ چاہے اور پسند فرمائے

۲۷. جو لوگ آخرت پر ایمان نہیں رکھتے وہ فرشتوں کو موسوم کرتے ہیں عورتوں کے ناموں سے

۲۸. حالانکہ ان کو اس بارے میں کچھ بھی علم نہیں ایسے لوگ تو محض گمان کی پیروی کرتے ہیں اور گمان یقینی طور پر حق کی جگہ کچھ بھی کام نہیں دے سکتا

۲۹. پس اپنے حال پر چھوڑ دو ایسے (ناہنجار شخص) کو جو پھر گیا ہماری یاد (دلشاد) سے اور اس کا مقصد دنیاوی زندگی (اور اس کی فانی لذتوں) کے سوا کچھ نہیں

۲۰. یہ ہے رسائی (اور پہنچ) ایسے لوگوں کے علم (و ہنر) کی بیشک تمہارا رب خوب جانتا ہے کہ کون اس کی راہ سے بھٹک گیا اور وہی خوب جانتا ہے کہ کون سیدھی راہ پر ہے

۲۱. اور اللہ ہی کا ہے وہ سب کچھ جو کہ آسمانوں میں ہے اور وہ سب کچھ بھی جو کہ زمین میں ہے تاکہ اللہ (پورا پورا) بدلہ دے ان لوگوں کو جو برائی کی راہ پر چلتے رہے ان کے (زندگی بھر کے) کئے کرائے کا اور وہ بہترین جزاء سے نوازے ان (خوش نصیبوں) کو جو (زندگی بھر) چلتے رہے اچھائی اور نیکی کی راہ پر۔

۲۲. جو بچتے رہے بڑے گناہوں اور کھلی بے حیائیوں سے بجز اس کے کہ کچھ قصور ان سے سرزد ہو جائیں بلاشبہ تمہارا رب بڑا ہی بخشنے والا ہے وہ تمہیں خوب جانتا ہے اس وقت بھی کہ جب اس نے تمہیں زمین سے پیدا کیا اور اس وقت بھی کہ جب تم لوگ اپنی ماؤں کے

پیٹوں میں بچے تھے پس تم لوگ اپنی پاکی کے دعوے نہ کیا کرو اسے خوب معلوم ہے کہ کون پرہیزگار ہے

۳۳. پھر کیا تم نے اس شخص کو بھی دیکھا جس نے منہ پھیر لیا؟

۳۴. اور وہ تھوڑا سا دے کر رک گیا؟

۳۵. کیا اس کے پاس غیب کا علم ہے کہ وہ دیکھ رہا ہے؟

۳۶. کیا اس کو خبر نہیں پہنچی ان (عمدہ) باتوں کی جو کہ موجود (و مذکور) تھیں موسیٰ کے صحیفوں میں

۳۷. اور (جن کا ذکر و بیان اس سے بھی پہلے) اس ابراہیم کے صحیفوں میں بھی ہو چکا جس نے وفا کا حق ادا کر دیا

۳۸. یہ کہ نہیں اٹھائے گا کوئی بوجھ اٹھانے والا بوجھ کسی دوسرے کا

۳۹. اور یہ کہ (ایمان و یقین کے بارے میں) انسان کو کچھ نہیں ملے گا مگر وہی جو اس نے خود کمایا

۴۰. اور یہ کہ اس کی کوشش کی عنقریب ہی پوری پوری جانچ پڑتال کی جائے گی

۴۱. پھر (اس کے مطابق) اس کو پوری پوری جزا دی جائے گی

۴۲. اور یہ کہ آخر کار تمہارے رب ہی کے پاس پہنچنا ہے (سب کو)

۴۳. اور یہ کہ وہی ہنساتا اور رلاتا ہے

۴۴. اور یہ کہ وہی موت دیتا ہے اور اسی کا کام ہے زندگی بخشنا

۴۵. اور یہ کہ وہی ہے جس نے پیدا فرمایا (کمال حکمت کے ساتھ) جوڑے کے دونوں فردوں نر اور مادہ کو

۴۶. ایک (حقیر سی) بوند سے جب کہ اس کو ٹپکا دیا جاتا ہے (رحم کے اندر)

۴۷. اور یہ کہ اسی کے ذمے ہے دوسری بار زندہ کر کے اٹھانا

۴۸. اور یہ کہ وہی دولت بخشتا ہے اور اسی کا کام ہے خزانہ عطا کرنا

۴۹. اور یہ کہ وہی ہے رب شعریٰ ستارے کا

۵۰. اور یہ کہ وہی ہے جس نے ہلاک کر (کے ہمیشہ کے لئے مٹا) دیا عاد اولی کو

۵۱. اور ثمود کو بھی سو (ان سب کو ایسا مٹایا کہ ان میں سے) کسی کو بھی باقی نہ چھوڑا

۵۲. اور قوم نوح کو بھی اس سے پہلے (اس نے تباہ کر دیا) کہ بیشک یہ سب ہی بڑے ظالم اور سخت سرکش لوگ تھے

۵۲. اور اسی نے دے مارا الٹ دی جانے والی ان (بد بخت) بستیوں کو

۵۴. (ان کے کرتوتوں کی پاداش میں) پھر ان پر چھا دیا جو کچھ کہ اسے چھانا تھا

۵۵. پھر تو (اے مخاطب!) اپنے رب کی کون کون سی نعمت کے بارے میں شک کرے گا

۵۶. یہ بھی ایک خبردار کرنے والا ہے پہلے خبردار کرنے والوں کی طرح

۵۷. قریب آ لگی ہے وہ قریب آنے والی (اے لوگو!)

۵۸. جس کو اللہ کے سوا کوئی ہٹانے والا نہیں ہو سکتا

۵۹. کیا پھر بھی تم لوگ تعجب کرتے ہو اس کلام (حکمت نظام) پر؟

۶۰. اور تم لوگ (غفلت میں پڑے) ہنستے ہو اور روتے نہیں

۶۱. اور تم لوگ غفلت میں ڈوبے تکبر کرتے ہو؟

۶۲. سو (باز آجاؤ تم لوگ اس کبر و غرور سے اور دل و جان سے) سجدہ ریز ہو جاؤ اللہ کے آگے اور بندگی بجالاؤ (اسی وحدہٗ لاشریک کے لئے)

***

# ۵۴۔ القمر

بِسۡمِ اللّٰهِ الرَّحۡمٰنِ الرَّحِيۡمِ

اللہ کے نام سے جو رحمان ورحیم ہے

۱. قریب آگئی (قیامت کی) وہ ہولناک گھڑی اور پھٹ گیا چاند

۲. مگر لوگوں کا حال یہ ہے کہ اگر یہ کوئی بڑی نشانی بھی دیکھ لیں تو اس سے (غفلت و لاپرواہی کے ساتھ) منہ موڑ لیتے ہیں اور کہتے ہیں کہ یہ تو ایک جادو ہے چلتا ہوا

۳. انہوں نے جھٹلایا (حق اور حقیقت کو) اور پیچھے چل پڑے اپنی خواہشات کے اور ہر کام کا بہر حال ایک وقت مقرر ہے

۴. اور بلاشبہ ان لوگوں کے پاس (پچھلی قوموں کی) اتنی سرگذشتیں پہنچ چکی ہیں جن میں بڑا سامان عبرت ہے

۵. یعنی اعلیٰ درجے کی ایک دانش مندی مگر (ایسوں کے لئے مفید اور) کارگر نہیں ہو سکتیں ایسی تنبیہات

۶. پس آپ منہ موڑ لیں ان (ناہنجاروں) سے (ان کو خود معلوم ہو جائے گا اس دن) جس دن کہ پکارے گا (حشر کا) وہ داعی ایک بڑی ہی ناگوار چیز کی طرف

۷. (اس دن ان کا حال یہ ہو گا کہ) جھکی ہوئی ہوں گی ان کی نگاہیں اپنی قبروں سے اس طرح نکل رہے ہوں گے جیسے ٹڈی دل ہیں جو پھیل پڑے ہیں

۸. دوڑے جا رہے ہوں گے اس بلانے والے کی طرف (اس روز) یہ کافر لوگ کہہ رہے ہوں گے کہ یہ تو بڑا ہی سخت دن ہے

۹. ان سے پہلے قوم نوح نے بھی جھٹلایا (حق اور داعی حق کو) چنانچہ انہوں نے جھٹلایا ہمارے بندہ (نوح) کو اور کہا کہ یہ تو ایک دیوانہ ہے اور اسے بری طرح جھڑکا گیا

۱۰. آخر کار انہوں نے پکارا اپنے رب کو (اور عرض کیا) کہ میں بالکل بے بس ہوں پس تو ہی (اے میرے مالک ان سے) میرا بدلہ لے

۱۱. پھر کیا تھا ہم نے کھول دیئے آسمان کے دروازے ایک بڑی ہی ہولناک موسلا دھار بارش کے ساتھ

۱۲. اور زمین کو ہم نے پھاڑ کر چشمے ہی چشمے کر دیا یہاں تک کہ یہ سارا پانی پہنچ گیا اس حد کو جو (اللہ تعالیٰ کے یہاں) طے کر دی گئی تھی

۱۲. اور ہم نے ان کو سوار کیا تختوں اور میخوں والی (اس کشتی) پر

۱۴. جو چل رہی تھی ہماری نگرانی میں اس شخص کے بدلے (اور اس کے انتقام) کے طور پر جس کی ناقدری کی گئی تھی

۱۵. اور بلا شبہ ہم نے اس کو چھوڑ دیا ایک عظیم الشان نشانی کے طور پر تو کیا ہے کوئی نصیحت قبول کرنے والا؟

۱۶. سو (دیکھ لو اے لوگو! کہ) کیسا تھا میرا عذاب اور میرا خبردار کرنا

۱۷.   اور بلاشبہ ہم نے آسان کر دیا اس قرآن کو نصیحت کے لیئے تو کیا ہے کوئی نصیحت قبول کرنے والا؟

۱۸.   قوم عاد نے بھی جھٹلایا پھر (دیکھ لو) کیسا تھا میرا عذاب اور میرا ڈرانا

۱۹.   ہم نے ان پر ایک ایسی سخت قسم کی آندھی بھیجی ایک دائمی نحوست کے دن میں

۲۰.   جو ان لوگوں کو اس طرح اٹھا اٹھا کر پھینک رہی تھی جیسے وہ تنے ہوں اکھڑے ہوئے کھجور کے درختوں کے

۲۱.   سو (دیکھ لو!) کیسا تھا میرا عذاب اور میرا ڈرانا

۲۲.   اور بلاشبہ ہم نے آسان کر دیا اس قرآن (عظیم) کو نصیحت حاصل کرنے کے لیئے تو کیا ہے کوئی نصیحت قبول کرنے والا؟

۲۲.   اور قوم ثمود نے بھی جھٹلایا خبردار کرنے والوں کو

۲۴.   چنانچہ انہوں نے کہا کہ کیا ہم اپنے ہی میں سے ایک بشر کی پیروی کرنے لگ جائیں؟ ایسی صورت میں تو ہم یقیناً بڑی گمراہی اور دیوانگی میں پڑے ہوں گے

۲۵.   کیا ہم سب میں سے بس اسی پر خدا کا ذکر اتارا جاتا تھا؟ نہیں بلکہ یہ تو پرلے درجے کا ایک جھوٹا اور شیخی باز شخص ہے

۲۶.   (ادھر صالح سے کہا گیا کہ) کل ان کو خود ہی معلوم ہو جائے گا کہ کون ہے پرلے درجے کا جھوٹا شیخی باز

۲۷.   ہم اس اونٹنی کو ان کے لیئے آزمائش بنا کر بھیج رہے ہیں پس آپ انتظار کریں اور صبر ہی سے کام لیتے رہیں

۲۸. اور انہیں بتا دیں کہ پانی ان کے (اور اس اونٹنی کے) درمیان تقسیم کر دیا گیا ہے ہر ایک اپنی باری پر آیا کرے

۲۹. پھر انہوں نے پکارا اپنے ساتھی کو تو اس نے اس کام کا بیڑا اٹھایا اور اس اونٹنی کو ہلاک کر دیا

۲۰. پھر (دیکھ لو) کیسا تھا میرا عذاب اور میرا خبر دار کرنا

۲۱. ہم نے ان پر ایک ایسی ہولناک آواز بھیجی کہ اس کے نتیجے میں وہ سب کے سب باڑ والے کی روندی ہوئی باڑ کی طرح چورا بن کر رہ گئے

۲۲. اور بلاشبہ ہم نے آسان کر دیا اس قرآن (عظیم) کو نصیحت کے لئے تو کیا ہے کوئی نصیحت قبول کرنے والا؟

۲۲. قوم لوط نے بھی جھٹلایا خبر دار کرنے والوں کو

۲۴. بیشک ہم نے ان پر پتھر برسانے والی ایک ایسی ہولناک ہوا بھیجی جس نے ان کو تہس نہس کر کے رکھ دیا بجز آل لوط کے کہ ان کو ہم نے بچا لیا رات کے پچھلے حصے میں

۲۵. محض اپنی مہربانی سے اسی طرح ہم بدلہ دیا کرتے ہیں ہر اس شخص کو جو شکر کرتا ہے

۲۶. اور بلاشبہ لوط نے ان لوگوں کو خبر دار کر دیا تھا ہماری پکڑ سے مگر وہ لوگ جھگڑے ہی کرتے رہے ہماری تنبیہات کے بارے میں

۲۷. اور انہوں نے لوط سے ان کے مہمانوں کے بارے میں مطالبہ شروع کر دیا آخر کار ہم نے موندھ کر رکھ دیا ان کی آنکھوں کو (اور ان سے کہا گیا کہ لو اب) چکھو تم لوگ مزہ میرے عذاب کا اور میرے ڈرانے کا

۳۸.    اوران کو صبح سویرے ہی آلیا ایک ہولناک دائمی عذاب نے

۳۹.    پس اب چکھو تم لوگ مزہ میرے عذاب کا اور میرے خبردار کرنے کا

۴۰.    اور بلاشبہ ہم نے آسان کردیا اس قرآن (حکیم) کو نصیحت کے لئے تو کیا ہے کوئی نصیحت قبول کرنے والا؟

۴۱.    اور بلاشبہ فرعون والوں کے پاس بھی پہنچ گئے خبردار کرنے کے طرح طرح کے سامان

۴۲.    مگر انہوں نے جھٹلا دیا (پوری ڈھٹائی اور ہٹ دھرمی کے ساتھ) ہماری سب نشانیوں کو سو آخرکار ہم نے ان کو پکڑا ایک بڑے ہی زبردست قدرت والے کا پکڑنا

۴۳.    کیا تمہارے کفار بہتر ہیں ان لوگوں سے (اے دورِ حاضر کے منکرو اور ان کے ہم مشربو!) یا تمہارے لئے کوئی (معافی اور) براءت لکھی ہے آسمانی کتابوں میں؟

۴۴.    کیا ان لوگوں کا یہ کہنا ہے کہ ہم لوگ ایک بھاری جتھا ہیں جو غالب ہی رہے گا؟

۴۵.    عنقریب ہی شکست کھائے گا ان کا یہ جتھا اور ان کو بھاگنا ہوگا اپنی پیٹھیں پھیر کر

۴۶.    (اور اسی پر بس نہیں) بلکہ ان کا اصل وعدہ تو قیامت ہے اور قیامت کی وہ گھڑی انتہائی ہولناک اور بڑی ہی تلخ ہے

۴۷.    بلاشبہ مجرم لوگ پڑے ہیں ایک بڑی گمراہی اور ہولناک دیوانگی میں

۴۸.    (جس کی پوری حقیقت اس دن کھلے گی) جس دن کہ ان کو گھسیٹا جا رہا ہوگا اس (ہولناک) آگ میں ان کے چہروں کے بل (اور ان سے کہا جا رہا ہوگا کہ لو اب) چکھو تم لوگ مزہ دوزخ کی لپٹ کا

.۴۹ بلا شبہ ہم نے پیدا کیا ہر چیز کو (اپنی قدرت و حکمت سے) ایک خاص اندازے کے ساتھ

.۵۰ اور ہمارا معاملہ تو بس ایک فرماں کا ہوتا ہے جو پل جھپکنے کی طرح پورا ہو کر رہتا ہے

.۵۱ اور بلا شبہ ہم (اس سے پہلے) تم جیسے بہت سوں کو ہلاک کر چکے ہیں تو کیا ہے کوئی نصیحت قبول کرنے والا؟

.۵۲ اور جو بھی کچھ انہوں نے کیا وہ سب درج ہے ہمارے دفتروں میں

.۵۲ اور ہر چھوٹی بڑی بات لکھی ہوئی موجود ہے

.۵۴ بلا شبہ پرہیزگار لوگ رہ بس رہے ہوں گے عظیم الشان جنتوں اور طرح طرح کی نہروں میں

.۵۵ سچی عزت کے مقام میں ایک بڑے ہی اقتدار والے بادشاہ کے پاس

***

# ۵۵۔ الرحمٰن

بِسۡمِ اللّٰہِ الرَّحۡمٰنِ الرَّحِیۡمِ

اللہ کے نام سے جو رحمان و رحیم ہے

۱. (خدائے) رحمان نے

۲. (اپنی رحمت بے پایاں سے) سکھایا (اپنے بندوں) کو قرآن

۳. اسی نے پیدا فرمایا انسان کو

۴. اسے بات کرنا سکھایا

۵. سورج اور چاند چل رہے ہیں (اس کی قدرت و عنایت سے) ایک نہایت باریک حساب کے ساتھ

۶. (اسی کے حضور) سجدہ ریز ہوتے ہیں ستارے بھی اور درخت بھی

۷. اسی نے اٹھایا آسمان (کی اس عظیم الشان چھت) کو

۸. اور رکھ دی ترازو تاکہ تم لوگ کمی بیشی نہ کرو (ناپنے) تولنے میں

۹. اور تم ٹھیک تولو انصاف کے ساتھ اور کمی نہ کرو (ناپ اور) تول میں

۱۰. اور اسی نے بچھا دیا زمین کو (اپنی قدرت کاملہ اور حکمت بالغہ سے) سب مخلوق کے لئے

۱۱. اس میں طرح طرح کے لذیذ پھل بھی ہیں اور غلافوں والی کھجوریں بھی

۱۲. اور طرح طرح کے غلے بھی جو بھوسہ دار ہیں اور خوشبودار پھول بھی

۱۲. پس تم دونوں (اے گروہ جن و انس!) اپنے رب کی کون کون سی نعمتوں کو جھٹلاؤ گے؟

۱۴. اسی نے پیدا فرمایا انسان کو (اپنی قدرت کاملہ اور حکمت بالغہ سے) ٹھیکری کی طرح بجتی مٹی سے

۱۵. اور اسی نے پیدا فرمایا جنوں کو آگ کی لپٹ سے

۱۶. پس تم دونوں (اے گروہ جن و انس!) اپنے رب کی کون کون سی نعمتوں کو جھٹلاؤ گے؟

۱۷. وہی مالک ہے دونوں مشرقوں کا اور دونوں مغربوں کا

۱۸. پس تم دونوں (اے گروہ جن و انس!) اپنے رب کی کون کون سی نعمتوں کو جھٹلاؤ گے؟

۱۹. اسی نے چلادیا دو سمندروں کو جو (بظاہر) آپس میں ملے ہوئے ہیں

۲۰. (مگر ان دونوں کے درمیان ایک ایسا پردہ ہے کہ وہ دونوں (اپنی حدوں سے) بڑھ نہیں سکتے

۲۱. پس تم دونوں (اے گروہ جن و انس!) اپنے رب کی کون کون سی نعمتوں کو جھٹلاؤ گے؟

۲۲. ان دونوں سے موتی بھی نکلتے ہیں اور مونگے بھی

۲۲. پس تم دونوں (اے گروہ جن و انس!) اپنے رب کی کون کون سی نعمتوں کو جھٹلاؤ گے؟

۲۴.  اور اسی کے ہیں پہاڑوں جیسے بلند یہ جہاز جو سمندروں میں رواں دواں ہیں

۲۵.  پس تم دونوں (اے گروہ جن وانس!) اپنے رب کی کون کون سی نعمتوں کو جھٹلاؤ گے؟

۲۶.  جو بھی کچھ زمین پر ہے اس نے (بالآخر) فنا کے گھاٹ اتر کر رہنا ہے

۲۷.  اور تمہارے رب کی ذات ہی باقی رہ جائے گی جو کہ بڑی عظمت والا اور بڑا ہی احسان والا ہے

۲۸.  پس تم دونوں (اے گروہ جن وانس!) اپنے رب کی کون کون سی نعمتوں کو جھٹلاؤ گے؟

۲۹.  اسی سے مانگتے ہیں وہ سب جو کہ آسمانوں اور زمین میں ہیں وہ ہر آن ایک نئی شان میں ہے

۲۰.  پس تم دونوں (اے گروہ جن وانس!) اپنے رب کی کون کون سی نعمتوں کو جھٹلاؤ گے؟

۲۱.  ہم عنقریب ہی تمہارے لئے فارغ ہوا چاہتے ہیں اے دو بوجھو!

۲۲.  پس تم دونوں (اے گروہ جن وانس!) اپنے رب کی کون کون سی نعمتوں کو جھٹلاؤ گے؟

۲۲.  اے گروہ جن وانس اگر تم نکل کر بھاگ سکتے ہو آسمانوں اور زمین کی حدود سے تو بھاگ دیکھو تم نہیں بھاگ سکتے مگر زور (اور سند) کے ساتھ

۲۴.  پس تم دونوں (اے گروہ جن وانس!) اپنے رب کی کون کون سی نعمتوں کو جھٹلاؤ گے؟

۳۵. تم پر خالص آگ کے شعلے اور نرے دھوئیں (کے بادل) اس طرح چھوڑے جائیں گے کہ تم ان سے کسی طرح بچ نہ سکو گے

۳۶. پس تم دونوں (اے گروہ جن وانس!) اپنے رب کی کون کون سی نعمتوں کو جھٹلاؤ گے؟

۳۷. پھر (کیا حال ہوگا اس وقت) جب کہ آسمان پھٹ کر لال چمڑے کی طرح سرخ ہو جائے گا؟

۳۸. پس تم دونوں (اے گروہ جن وانس!) اپنے رب کی کون کون سی نعمتوں کو جھٹلاؤ گے؟

۳۹. اس دن نہ تو کسی انسان سے اس کے گناہوں کے بارے میں پوچھنے کی ضرورت ہوگی اور نہ ہی کسی جن سے

۴۰. پس تم دونوں (اے گروہ جن وانس!) اپنے رب کی کون کون سی نعمتوں کو جھٹلاؤ گے؟

۴۱. مجرموں کو وہاں پر پہچان لیا جائے گا ان (کے چہروں) کی نشانیوں سے پھر ان کو (دوزخ میں پھینکنے کے لئے) پکڑا جائے گا ان کی پیشانیوں (کے بالوں) اور پاؤں سے

۴۲. پس تم دونوں (اے گروہ جن وانس!) اپنے رب کی کون کون سی نعمتوں کو جھٹلاؤ گے؟

۴۳. (اس وقت ان کی تذلیل اور تجریح مزید کے لئے کہا جائے گا کہ) یہ ہے وہ جہنم جس کو جھٹلایا کرتے تھے مجرم لوگ

۴۴. (وہاں) وہ چکر لگاتے رہیں گے اسی جہنم اور انتہائی کھولتے ہوئے پانی کے درمیان

۴۵. پس تم دونوں (اے گروہ جن وانس!) اپنے رب کی کون کون سی نعمتوں کو جھٹلاؤ گے؟

۴۶. اور جو کوئی ڈرتا رہے گا اپنے رب کے سامنے کھڑے ہونے (اور اس کے حضور پیشی) سے تو اس کے لئے دو جنتیں ہیں

۴۷. پس تم دونوں (اے گروہ جن وانس!) اپنے رب کی کون کون سی نعمتوں کو جھٹلاؤ گے؟

۴۸. وہ دونوں جنتیں (طرح طرح کے میووں والی) ڈالیوں سے بھرپور ہوں گی

۴۹. پس تم دونوں (اے گروہ جن وانس!) اپنے رب کی کون کون سی نعمتوں کو جھٹلاؤ گے؟

۵۰. ان دونوں باغوں میں دو چشمے رواں ہوں گے

۵۱. پس تم دونوں (اے گروہ جن وانس!) اپنے رب کی کون کون سی نعمتوں کو جھٹلاؤ گے؟

۵۲. ان دونوں جنتوں میں ہر پھل کی دو دو قسمیں ہوں گی

۵۲. پس تم دونوں (اے گروہ جن وانس!) اپنے رب کی کون کون سی نعمتوں کو جھٹلاؤ گے؟

۵۴. وہاں پر وہ (خوش نصیب) ٹیک لگائے بیٹھے ہوں گے ایسے عظیم الشان بچھونوں پر جن کے استر دبیز ریشم کے ہوں گے اور ان دونوں جنتوں کے پھل جھکے جا رہے ہوں گے

۵۵. پس تم دونوں (اے گروہ جن وانس!) اپنے رب کی کون کون سی نعمتوں کو جھٹلاؤ گے؟

۵۶. ان میں (ان کے لئے) نیچی نگاہوں والی ایسی (عظیم الشان) بیویاں ہوں گی جنہیں ان جنتیوں سے پہلے نہ کسی انسان نے چھوا ہوگا نہ کسی جن نے

۵۷. پس تم دونوں (اے گروہ جن وانس!) اپنے رب کی کون کون سی نعمتوں کو جھٹلاؤ گے؟

۵۸. (صفائی اور خوش رنگی میں ان کا یہ عالم ہوگا کہ) گویا کہ وہ ہیرے اور موتی ہیں

۵۹. پس تم دونوں (اے گروہ جن وانس!) اپنے رب کی کون کون سی نعمتوں کو جھٹلاؤ گے؟

۶۰. نیکی کا بدلہ نیکی کے سوا اور کیا ہو سکتا ہے؟

۶۱. پس تم دونوں (اے گروہ جن وانس!) اپنے رب کی کون کون سی نعمتوں کو جھٹلاؤ گے؟

۶۲. ان دونوں کے علاوہ دو جنتیں اور ہوں گی

۶۲. پس تم دونوں (اے گروہ جن وانس!) اپنے رب کی کون کون سی نعمتوں کو جھٹلاؤ گے؟

۶۴. وہ دونوں گہرے سبز ہوں گے

۶۵. پس تم دونوں (اے گروہ جن وانس!) اپنے رب کی کون کون سی نعمتوں کو جھٹلاؤ گے؟

۶۶. ان دونوں میں دو ایسے چشمے ہوں گے جو جوش مار رہے ہوں گے

۶۷. پس تم دونوں (اے گروہ جن وانس!) اپنے رب کی کون کون سی نعمتوں کو جھٹلاؤ گے؟

۶۸. ان دونوں میں طرح طرح کے اور پھل بھی ہوں گے اور کھجوریں اور انار بھی

۶۹. پس تم دونوں (اے گروہ جن وانس!) اپنے رب کی کون کون سی نعمتوں کو جھٹلاؤ گے؟

۷۰. ان میں (اہل جنت کے لئے) خوب سیرت اور خوبصورت بیویاں بھی ہوں گی

۷۱. پس تم دونوں (اے گروہ جن وانس!) اپنے رب کی کون کون سی نعمتوں کو جھٹلاؤ گے؟

۷۲. ایسی عظیم الشان حوریں جو محفوظ ہوں گی خیموں کے اندر

۷۲. پس تم دونوں (اے گروہ جن وانس!) اپنے رب کی کون کون سی نعمتوں کو جھٹلاؤ گے؟

۷۴. ان جنتیوں سے پہلے نہ تو کسی انسان نے ان کو چھوا ہو گا نہ کسی جن نے

۷۵. پس تم دونوں (اے گروہ جن وانس!) اپنے رب کی کون کون سی نعمتوں کو جھٹلاؤ گے؟

۷۶. (جہاں وہ نہایت سکون و اطمینان کے ساتھ) ٹیک لگائے بیٹھے ہوں گے عظیم الشان سبز قالینوں اور نفیس و نادر فرشوں پر

۷۷۔    پس تم دونوں (اے گروہ جن و انس!) اپنے رب کی کون کون سی نعمتوں کو جھٹلاؤ گے؟

۷۸۔    بڑا ہی برکت والا ہے نام تمہارے رب کا جو بڑی عظمت والا اور احسان والا ہے

***

# ۵۶۔ الواقعۃ

بِسۡمِ اللّٰہِ الرَّحۡمٰنِ الرَّحِیۡمِ

اللہ کے نام سے جو رحمان ور حیم ہے

۱. جب واقع ہو جائے گی وہ ہو پڑنے والی

۲. تو اس وقت اس کے پیش آنے کو کوئی جھٹلانے والا نہیں ہو گا

۲. وہ پست و بلند کر دینے والی ہو گی

۴. جب کہ لرز اٹھے گی یہ (ٹھوس) زمین تھر تھرا کر

۵. اور ریزہ ریزہ ہو جائیں گے یہ (دیو ہیکل) پہاڑ ٹوٹ کر

۶. پھر یہ ہو جائیں گے ایک غبار پراگندہ

۷. اور تم لوگ اس وقت تقسیم ہو جاؤ گے تین مختلف گروہوں میں

۸. سو دائیں بازو والے کیا کہنے ان دائیں بازو والوں کے

۹. اور بائیں بازو والے کیسے بد نصیب (اور بد حال) ہوں گے وہ بائیں بازو والے

۱۰. اور جو سبقت لے گئے تو وہ سبقت لے گئے

۱۱. یہ وہ (خوش نصیب) ہیں جن کو نوازا گیا ہو گا قرب (خاص) سے

۱۲. یہ رہ بس رہے ہوں گے نعمتوں بھری عظیم الشان جنتوں میں

۱۲. ایک بڑا گروہ ہو گا اگلوں میں سے

۱۴. اور تھوڑے پچھلوں میں سے

۱۵. (براجمان ہوں گے یہ) سونے کی تاروں سے بنے ہوئے عظیم الشان تختوں پر

۱۶. (نہایت آرام و سکون سے) ان پر ٹیک لگائے آمنے سامنے بیٹھے ہوں گے

۱۷. ان کے پاس ایسے لڑکے آمدورفت کر رہے ہوں گے جو سدا لڑکے ہی رہیں گے

۱۸. پیالے اور جگ اٹھائے اور ایسے جام ہائے شراب لئے ہوں جن کو بھرا گیا ہو گا بہتے ہوئے چشمے سے

۱۹. نہ تو اس سے ان کے سر چکرائیں گے اور نہ ہی ان کی عقلوں میں کوئی فتور آئے گا

۲۰. نیز وہ ان کے سامنے طرح طرح کے ایسے پھل لئے پھر رہے ہوں گے جنہیں وہ خود پسند کریں گے

۲۱. اور ان پرندوں کا گوشت بھی جس کی وہ خواہش کریں گے

۲۲. اور ان کے لئے خوبصورت آنکھوں والی عظیم الشان حوریں ہوں گی

۲۲. (صفائی اور نفاست میں) چھپا کر رکھے گئے موتیوں جیسی

۲۴. (یہ سب کچھ) ان کے ان اعمال کے بدلے میں ہو گا جو وہ (زندگی بھر) کرتے رہے تھے

۲۵. وہ نہ تو وہاں کوئی بے کار بات سنیں گے اور نہ ہی کوئی گناہ کی بات

۲۶. بس سلام ہی سلام کی آواز سنائی دے گی

۲۷. اور دائیں بازو والے کیا ہی خوش نصیب ہوں گے وہ دائیں بازو والے

۲۸. (جو رہیں گے) بے خار بیریوں میں

۲۹. تہ بہ تہ چڑھے ہوئے کیلوں میں

۲۰. لمبے لمبے سایوں میں

۲۱. ہر دم رواں پانی میں

۲۲. اور طرح طرح کے ایسے با افراط پھلوں میں

۲۳. جو نہ کبھی ختم ہونگے اور نہ ان میں کوئی روک ٹوک ہوگی

۲۴. بلند (مرتبہ وشان کے) بچھونوں میں

۲۵. بلاشبہ ہم (جنتیوں کو ملنے والی) ان عورتوں کو بالکل ایک ایسی نئی اٹھان دیں گے

۲۶. کہ انہیں کنواری بنا دیں گے

۲۷. دل لبھانے والیاں ہم عمر

۲۸. یہ سب کچھ دائیں بازو والوں کے لئے ہوگا

۲۹. بہت سے پہلوں میں سے ہوں گے

۴۰. اور بہت سے پچھلوں میں سے

۴۱. اور بائیں بازو والے کتنے ہی بد نصیب ہوں گے بائیں بازو والے

۴۲. وہ لو کی لپٹ اور کھولتے ہوئے پانی میں ہوں گے

۴۳. اور ایک نہایت ہی ہولناک سیاہ دھوئیں کے سائے میں

۴۴. جو نہ ٹھنڈا ہوگا نہ آرام دہ

۴۵. بیشک یہ لوگ اس سے پہلے (دنیا میں) اپنی خوشحالی میں مگن رہا کرتے تھے

۴۶. اور یہ (کفر وشرک کے) اس سب سے بڑے گناہ پر اصرار کرتے تھے

۴۷. اور یہ لوگ (بڑے تعجب سے اور استہزا کے طور پر) کہا کرتے تھے کہ کیا جب ہم مر کر مٹی ہو جائیں گے اور ہڈیوں کا پنجر بن کر رہ جائیں گے تو کیا واقعی ایسی حالت میں ہم دوبارہ اٹھا کھڑے کیے جائیں گے؟

۴۸. اور کیا ہمارے وہ باپ دادا بھی جو ہم سے بھی کہیں پہلے گزر چکے ہیں؟

۴۹. (ان سے) کہو کہ ہاں بلاشبہ اگلوں اور پچھلوں سب نے

۵۰. بہر حال اکٹھے ہو کر رہنا ہے مقرر دن کے طے شدہ وقت میں

۵۱. پھر تم سب کو اے گمراہو، جھٹلانے والو

۵۲. بہر حال کھانا ہے زقوم کے ایک نہایت ہی ہولناک (اور کریہہ المنظر) درخت سے

۵۲. پھر (کھانا بھی اتنا اور اس قدر کہ) تمہیں اسی سے بھرنا ہوگا اپنے پیٹوں کو

۵۴. پھر تم نے اس پر پینا ہوگا (وہاں کے) اس کھولتے پانی سے

۵۵. پھر تمہارا یہ پینا بھی ایسے ہوگا جیسے تونس لگے ہوئے اونٹ پیتے ہیں

۵۶. یہ ہوگی (حق و ہدایت کے نور سے محروم) ان لوگوں کی مہمانی بدلے کے اس دن

۵۷. ہم ہی نے پیدا کیا ہے تم سب کو (اپنی قدرت کاملہ اور حکمت بالغہ سے) پھر تم لوگ تصدیق کیوں نہیں کرتے؟

۵۸. اچھا یہ تو بتاؤ کہ یہ منی جو تم گراتے ہو

۵۹. کیا تم اس سے بچہ پیدا کرتے ہو یا ہم ہی ہیں پیدا کرنے والے؟

۶۰. ہم ہی نے مقدر کیا تمہارے درمیان تمہاری موت کو اور ہم اس سے عاجز نہیں ہیں

۶۱. کہ تمہاری شکلیں بدل دیں اور تم کو کسی ایسی صورت میں بنا کھڑا کریں جس کو تم نہیں جانتے

۶۲. اور تم لوگ اچھی طرح جانتے ہو اپنی پہلی پیدائش کو تو پھر تم سبق کیوں نہیں لیتے (حق و حقیقت تک رسائی کا)؟

۶۲. پھر کیا تم نے اس بیج کے بارے میں بھی کبھی غور کیا جو تم لوگ زمین میں ڈالتے ہو؟

۶۴. کیا تم لوگ اس کو اگاتے ہو یا ہم ہی ہیں اس کے اگانے (اور پیدا کرنے) والے؟

۶۵. اگر ہم چاہیں تو چورا چورا کر کے رکھ دیں اس (ہری بھری کھیتی) کو پھر تم لوگ طرح طرح کی باتیں بناتے رہ جاؤ

۶۶. کہ جی یقیناً ہم پر تو بڑی چٹی پڑ گئی

۶۷. بلکہ ہماری تو قسمت ہی ماری گئی

۶۸. پھر کیا تم نے کبھی اس پانی کے بارے میں بھی غور کیا جو تم لوگ (دن رات غٹا غٹ) پیتے ہو؟

۶۹. کیا اس کو بادل سے تم نے برسایا ہے یا ہم ہی ہیں اس کے برسانے والے؟

۷۰. اگر ہم چاہیں تو اس کو کڑوا (اور کھاری) بنا کر رکھ دیں پھر تم لوگ شکر کیوں نہیں ادا کرتے (اپنے واہب مطلق رب کا؟)

۷۱. پھر کیا تم لوگوں نے کبھی اس آگ کے بارے میں بھی غور کیا جو تم سلگاتے ہو؟

۷۲. کیا اس کے درخت کو تم نے پیدا کیا ہے یا ہم ہی اس کے پیدا کرنے والے؟

۷۳.	ہم ہی نے اس کو بنا دیا یاد دہانی کا ایک عظیم الشان ذریعہ اور سامان زیست ضرورت مندوں کے لئے

۷۴.	پس آپ تسبیح کریں اپنے رب کے نام (پاک) کی جو کہ بڑا ہی عظمت والا ہے

۷۵.	پس نہیں میں قسم کھاتا ہوں ان جگہوں کی جہاں ستارے ڈوبتے ہیں

۷۶.	اور یقیناً یہ ایک بڑی ہی عظیم الشان قسم ہے اگر تم لوگ سمجھو

۷۷.	بیشک یہ قرآن ہے بڑا ہی عزت (و عظمت) والا

۷۸.	(جو ثبت و مندرج ہے) ایک (محفوظ و) پوشیدہ کتاب میں

۷۹.	اس کو کوئی چھو نہیں سکتا سوائے ان کے جن کو ہر طرح سے پاک بنایا گیا ہے

۸۰.	یہ سراسر اتارا ہوا کلام ہے رب العالمین کی طرف سے

۸۱.	تو کیا تم لوگ اسی کلام (صدق نظام) سے لاپرواہی برت رہے ہو؟

۸۲.	اور تم نے اپنی روزی ہی یہ بنا رکھی ہے کہ تم اسے جھٹلاتے جاؤ؟

۸۳.	سو کیوں نہیں ہوتا (اس وقت) جب کہ روح (جان کنی کے موقع پر) حلق کو پہنچ جاتی ہے

۸۴.	اور تم اس وقت (پاس بیٹھے) دیکھ رہے ہوتے ہو؟

۸۵.	اور ہم (اس وقت) اس کے تم سے بھی کہیں زیادہ قریب ہوتے ہیں مگر تم دیکھ نہیں سکتے

۸۶.	سو اگر واقعی تمہارا کوئی حساب کتاب ہونے والا نہیں

۸۷.	تو تم اس (روح) کو لوٹا کیوں نہیں دیتے اگر تم سچے ہو

۸۸.	پھر اگر وہ مرنے والا مقربین میں سے ہوگا

۸۹. تو اس کے لئے ایک عظیم الشان راحت عمدہ روزی اور نعمتوں بھری جنت ہوگی

۹۰. اور اگر وہ دائیں جانب والوں میں سے ہوگا

۹۱. تو (اس سے کہا جائے گا کہ) سلام ہو تم کو کہ تم دائیں جانب والوں میں سے ہو

۹۲. اور اگر وہ جھٹلانے والے گمراہوں میں سے ہوگا

۹۲. تو اس کے لئے مہمانی ہوگی ایک کھولتے ہوئے ہولناک پانی سے

۹۴. اور اس کو گھسنا (اور داخل ہونا) ہوگا (دوزخ کی دہکتی) بھڑکتی آگ میں

۹۵. بیشک یہ سب کچھ (جو کہ ذکر و بیان ہوا) قطعی طور پر حق ہے

۹۶. پس تم تسبیح کرو اپنے رب کے نام (پاک) کی جو کہ بڑا ہی عظمت والا ہے

***

# ۵۷۔ الحدید

بِسۡمِ اللّٰہِ الرَّحۡمٰنِ الرَّحِیۡمِ

اللہ کے نام سے جو رحمان و رحیم ہے

۱. اللہ کی پاکی بیان کرتا ہے وہ سب کچھ جو کہ آسمانوں اور زمین میں ہے اور وہی ہے بڑا زبردست نہایت حکمت والا

۲. اسی کے لئے ہے بادشاہی آسمانوں اور زمین کی وہی زندگی بخشتا اور موت دیتا ہے اور وہی ہے ہر چیز پر پوری قدرت رکھنے والا

۳. وہی اول وہی آخر وہی ظاہر وہی باطن اور وہی ہے ہر چیز کو پوری طرح جاننے والا

۴. وہ (اللہ) وہی ہے جس نے پیدا فرمایا آسمانوں اور زمین (کی اس حکمتوں بھری کائنات) کو چھ دنوں (کی مدت) میں پھر وہ مستوی (و جلوہ افروز) ہوا عرش پر وہ جانتا ہے وہ سب کچھ جو کہ داخل ہوتا ہے زمین میں اور وہ سب کچھ بھی جو کہ اس سے نکلتا ہے اور جو کچھ کہ اترتا ہے آسمان سے اور جو چڑھتا ہے اس میں اور وہ بہر حال تمہارے ساتھ ہے جہاں بھی تم ہو گے اور اللہ پوری طرح دیکھ رہا ہے ان تمام کاموں کو جو تم لوگ کرتے ہو۔

۵. اسی کے لئے ہے بادشاہی آسمانوں اور زمین کی اور اللہ ہی کی طرف لوٹائے جاتے ہیں سب امور

۶. وہی داخل کرتا ہے رات کو دن میں اور دن کو داخل کرتا ہے رات میں اور وہی ہے جاننے والا دلوں کے رازوں کو

۷. ایمان لاؤ تم لوگ اللہ پر اور اس کے رسول پر اور خرچ کرو اس مال میں سے جس میں اللہ نے تم کو جانشین بنایا ہے (اپنے فضل و کرم سے) پھر جو لوگ تم میں سے ایمان لے آئے اور انہوں نے خرچ بھی کیا تو ان کے لئے ایک بہت بڑا اجر ہے

۸. اور تمہیں کیا ہوا (اے لوگو!) کہ تم ایمان نہیں لاتے اللہ پر جب کہ اس کا رسول تمہیں بلا رہا ہے کہ تم ایمان لاؤ اپنے رب پر اور وہ (وحدہٗ لاشریک) تم سے پختہ عہد بھی لے چکا ہے اگر تم واقعی ماننے والے ہو

۹. وہ (اللہ) وہی ہے جو نازل فرماتا ہے اپنے بندہ خاص پر کھلی کھلی آیتیں تاکہ وہ تمہیں نکالے (اپنے کرم سے) طرح طرح کے اندھیروں سے (حق و ہدایت کے) نور کی طرف اور بیشک اللہ تم سب پر (اے لوگو!) یقینی طور پر بڑا ہی شفیق اور انتہائی مہربان ہے

۱۰. اور تمہیں کیا ہو گیا کہ تم خرچ نہیں کرتے اللہ کی راہ میں؟ حالانکہ اللہ ہی کے لئے ہے میراث آسمانوں اور زمین کی برابر نہیں ہو سکتے تم میں سے وہ لوگ (جو فتح کے بعد خرچ کریں گے اور جہاد کریں گے ان لوگوں کے) جنہوں نے خرچ کیا فتح سے پہلے اور وہ لڑے (راہ حق میں) ایسے لوگ درجہ کے اعتبار سے کہیں بڑھ کر ہیں ان لوگوں سے جنہوں نے خرچ کیا اس کے بعد اور وہ لڑے اور یوں اللہ نے ان سب سے وعدہ فرما رکھا ہے بھلائی کا اللہ پوری طرح باخبر ہے ان سب کاموں سے جو تم لوگ کرتے ہو۔

۱۱. کون ہے جو اللہ کو قرض دے اچھا قرض تاکہ اللہ اسے اس کے لئے بڑھاتا چلا جائے اور اس کے لئے ایک بڑا ہی عمدہ اجر ہے

۱۲۔ جس دن کہ تم ایماندار مردوں اور ایماندار عورتوں کو دیکھو گے کہ ان کا نور دوڑ رہا ہو گا ان کے آگے اور ان کے دائیں (اور ان سے کہا جائے گا کہ) خوشخبری ہو تمہیں آج کے دن ایسی عظیم الشان جنتوں کی جن کے نیچے سے بہہ رہی ہیں طرح طرح کی عظیم الشان نہریں ان میں تم ہمیشہ رہو گے یہی ہے سب سے بڑی کامیابی۔

۱۲۔ جس روز کہ منافق مرد اور منافق عورتیں اہل ایمان سے کہہ رہے ہوں گے کہ ذرا ہماری طرف بھی نظر کرو تاکہ ہم بھی آپ کے نور سے کچھ فائدہ اٹھالیں جواب ملے گا کہ اپنے پیچھے لوٹ کر جاؤ اور وہاں کوئی نور تلاش کرو پھر ان کے درمیان حائل کر دی جائے گی ایک ایسی دیوار جس میں ایک دروازہ ہو گا اس کے اندر کی طرف تو رحمت ہو گی اور اس کے باہر کی طرف عذاب ہو گا۔

۱۴۔ وہ لوگ ایمان والوں کو پکار پکار کر کہیں گے کہ کیا ہم تمہارے ساتھ نہ تھے؟ وہ جواب دیں گے ہاں ضرور لیکن تم لوگوں نے خود فتنے میں ڈال رکھا تھا اپنے آپ کو تم (موقع اور فرصت کی) تاک میں لگے رہتے تھے تم شک میں مبتلا رہتے تھے اور تمہیں دھوکے میں ڈالے رکھا آرزوؤں نے یہاں تک کہ پہنچا اللہ کا حکم اور تم کو دھوکے میں ڈال رکھا تھا اللہ کے بارے میں اس بڑے دھوکے باز نے۔

۱۵۔ سو اب نہ تم سے کوئی فدیہ لیا جائے گا اور نہ ان لوگوں سے جو کھلم کھلا کفر کرتے رہے تھے تم سب کا ٹھکانا دوزخ ہے وہی تمہاری یار (اور تمہارا ٹھکانا) ہے اور بڑا ہی برا ٹھکانا ہے وہ

۱۶۔ کیا وقت نہیں آیا ان لوگوں کے لئے جو (زبانی کلامی) ایمان لائے اس بات کا کہ جھک جائیں ان کے دل اللہ کے ذکر کے آگے؟ اور اس حق (کی عظمت) کے سامنے جو

نازل ہو چکا (ان کی ہدایت و راہنمائی کے لئے اللہ کی طرف سے ؟) اور یہ کہ وہ ان لوگوں کی طرح نہ ہو جائیں جن کو ان سے پہلے کتاب دی گئی تھی پھر ان پر ایک لمبی مدت گزر گئی تو سخت ہو گئے ان کے دل اور ان میں زیادہ تر لوگ فاسق ہیں۔

۱۷. یقین جانو تم (اے لوگو!) کہ اللہ زندہ کرتا ہے زمین کو اس کے مر چکنے کے بعد بیشک ہم نے کھول کر بیان کر دیں تمہارے لئے اپنی آیتیں تاکہ تم لوگ عقل سے کام لو

۱۸. بلاشبہ صدقہ دینے والے مرد اور صدقہ دینے والی عورتیں اور جنہوں نے قرض دیا اللہ (پاک سبحانہ و تعالیٰ) کو اچھا قرض ان کو وہ کئی گنا بڑھا کر دیا جائے گا اور ان کے لئے ایک بڑا ہی عمدہ اجر ہے

۱۹. اور جو لوگ (سچے دل سے) ایمان لائے اللہ پر اور اس کے رسولوں پر یہی لوگ ہیں صدیق اور شہید ان کے رب کے یہاں ان کے لئے ان کا اجر اور ان کا نور ہے اور جن لوگوں نے کفر کیا اور جھٹلایا ہماری آیتوں کو وہ دوزخی ہیں

۲۰. یقین جانو (اے لوگو!) کہ یہ دنیاوی زندگی تو محض ایک کھیل اور تماشا ہے اور ایک زیبائش اور تمہارا آپس میں ایک دوسرے پر فخر جتانا اور مال و اولاد میں ایک دوسرے سے بڑھ جانے کی کوشش کرنا (اس کی مثال ایسے ہی ہے) جیسے بارش برستی ہے اور اس سے اگنے والی پیداوار دل موہ لیتی ہے کافروں کے پھر چندے بعد وہ خشک ہو جاتی ہے تم دیکھتے ہو کہ وہ زرد پڑ گئی ہے پھر وہ چورا چورا ہو کر رہ جاتی ہے آخرت میں بڑا سخت عذاب بھی ہے اور اللہ کی طرف ایک عظیم الشان بخشش بھی، اور اس کی رضا بھی، اور دنیاوی زندگی تو دھوکے کے سوا کچھ نہیں۔

۲۱. (پس) تم ایک دوسرے سے آگے بڑھنے کی کوشش کرو (اے لوگو!) اپنے رب کی بخشش اور اس عظیم الشان جنت کی طرف جس کی چوڑائی آسمان اور زمین کے برابر ہے جسے تیار کیا گیا ہے ان لوگوں کے لئے جو ایمان لائے اللہ پر اور اس کے رسولوں پر یہ اللہ کا فضل ہے جسے وہ عطاء فرماتا ہے جس کو چاہتا ہے اور اللہ بڑا ہی فضل والا ہے۔

۲۲. جو بھی کوئی مصیبت پیش آتی ہے خواہ وہ زمین کے (کسی حصے) میں ہو یا خود تمہاری جانوں میں پیش آئے وہ ثبت (و مندرج) ہے ایک عظیم الشان کتاب میں اس سے پہلے کہ ہم اس کو پیدا کریں بیشک ایسا کرنا اللہ کے لئے کچھ بھی مشکل نہیں

۲۲. (اور ہم نے یہ تمہیں اس لئے بتلا دیا کہ) تاکہ نہ تو تم لوگ کسی ایسی چیز پر غم کھاؤ جو تمہارے ہاتھ سے جاتی رہے اور نہ ہی کسی ایسی چیز پر اترانے لگو جو اللہ تمہیں عطا فرمائے اور اللہ تعالیٰ پسند نہیں کرتا کسی بھی خود پسند شیخی باز کو

۲۴. جو خود بھی بخل کرتے ہیں اور دوسروں کو بھی بخل کی تعلیم دیتے ہیں اور جو کوئی اللہ سے منہ موڑے گا تو یقیناً اللہ (کا اس سے کچھ بھی نہیں بگڑے گا کہ وہ یقیناً) ہر کسی سے بے نیاز اور ہر طرح کی خوبی اور حمد کا سزاوار ہے

۲۵. بلاشبہ ہم نے بھیجا اپنے رسولوں کو کھلی نشانیوں کے ساتھ اور ان کے ساتھ کتاب بھی اتاری اور میزان بھی تاکہ لوگ انصاف قائم کریں اور ہم نے لوہا اتارا جس میں بہت زور بھی ہے اور لوگوں کے لئے طرح طرح کے دوسرے فائدے بھی (تاکہ لوگ اس سے طرح طرح سے مستفید ہوں) اور تاکہ اللہ دیکھ لے کہ کون مدد کرتا ہے اللہ کی اور رسولوں کی بن دیکھے بیشک اللہ بڑا ہی قوت والا نہایت ہی زبردست ہے۔

۲۶۔ اور بلاشبہ ہم ہی نے بھیجا (اس سے پہلے) نوح اور ابراہیم کو پیغمبر بنا کر اور ان ہی دونوں کی نسل میں ہم نے نبوت بھی رکھ دی اور کتاب بھی پھر ان میں سے کچھ تو راہ راست پر رہے مگر ان میں سے زیادہ تر پھر بھی بد کار ہی رہے

۲۷۔ پھر ان کے بعد ہم نے پے درپے اپنے رسول بھیجے اور ان سب کے بعد آخر میں ہم نے عیسیٰ بیٹے مریم کو بھیجا اور ان کو انجیل دی اور ان لوگوں کے دلوں میں کہ جنہوں نے آپ کی پیروی کی ہم نے ایک خاص قسم کی نرمی اور مہربانی رکھ دی اور ترک دنیا (رہبانیت) کی وہ بدعت جسے ان لوگوں نے خود ایجاد کر لیا تھا ہم نے ان پر مقرر نہیں کی تھی اللہ کی رضا حاصل کرنے کی خاطر ہی ایجاد کیا تھا مگر وہ خود اسے نباہ نہ سکے جیسا کہ اس کے نباہنے کا حق تھا پھر ان میں سے جو لوگ ایمان لائے ہوں تو ہم نے ان کا اجر دے دیا مگر ان میں سے زیادہ تر بد کار ہی رہے ۔

۲۸۔ اے وہ لوگوں جو ایمان لائے ہو ڈرو تم اللہ سے اور (سچے دل سے) ایمان لاؤ اس کے رسول پر اللہ عطا فرمائے گا تم کو اپنی رحمت سے دوہرا حصہ اور وہ نوازے گا تم کو ایک ایسے عظیم الشان نور سے جس کے ذریعے تم چلو گے (حق و ہدایت کی سیدھی شاہراہ پر) اور (مزید یہ کہ) وہ تمہاری بخشش فرمائے گا اور اللہ بڑا ہی بخشنے والا انتہائی مہربان ہے ۔

۲۹۔ (اور ایمان پر یہ انعامات اور ان کی اس طرح پیشگی خبر اس لئے دی جا رہی ہے کہ) تاکہ اہل کتاب یہ نہ سمجھیں کہ (اللہ کے فضل پر ان کا کوئی اجارہ ہے اور) مسلمان اللہ کے فضل میں سے کچھ بھی حاصل نہیں کر سکتے اور یہ کہ فضل تو بلاشبہ اللہ ہی کے ہاتھ میں ہے وہ جسے چاہتا ہے عطا فرماتا ہے اور اللہ بڑا ہی فضل والا ہے ۔

***

# ۵۸۔ المجادلہ

بِسۡمِ اللّٰهِ الرَّحۡمٰنِ الرَّحِیۡمِ

اللہ کے نام سے جو رحمان و رحیم ہے

۱. بیشک سن لی اللہ نے بات اس عورت کی جو جھگڑا کر رہی ہے آپ سے (اے پیغمبر!) اپنے خاوند کے بارے میں اور شکایت کر رہی ہے (اپنے معاملے کی) اللہ کے حضور اور اللہ سن رہا ہے گفتگو تم دونوں کی بیشک اللہ ہر کسی کی سنتا سب کچھ دیکھنے والا ہے

۲. تم میں سے جو لوگ ظہار کر لیں اپنی بیویوں سے وہ (ان کے کہنے سے) ان کی مائیں نہیں بن جاتیں ان کی مائیں تو بس وہی ہیں جنہوں نے ان کو جنا ہے اور بلاشبہ ایسے لوگ ایک بڑی ہی نامعقول اور جھوٹی بات منہ سے نکالتے ہیں اور بیشک اللہ بڑا ہی معاف کرنے والا نہایت ہی درگزر کرنے والا ہے

۳. اور جو لوگ اپنی بیویوں سے ظہار کرتے ہیں پھر وہ اپنی کہی ہوئی بات سے پھرنا چاہتے ہیں تو ان کے ذمے ایک گردن (یعنی غلام یا لونڈی) کا آزاد کرنا ہے اس سے پہلے کہ وہ آپس میں ایک دوسرے کو ہاتھ لگائیں اس حکم سے تم کو نصیحت کی جاتی ہے اور اللہ پوری طرح باخبر ہے ان تمام کاموں سے جو تم لوگ کرتے ہو

۴. پھر جس شخص کو یہ میسر نہ ہو تو اس کے ذمے روزے رکھنا ہے لگاتار دو ماہ کے اس سے قبل کہ وہ ایک دوسرے کو ہاتھ لگائیں پھر جس سے یہ بھی نہ ہو سکے تو اس کے ذمے

ساٹھ مسکینوں کو کھانا کھلانا ہے یہ حکم اس لیئے دیا جا رہا ہے کہ تم لوگ ایمان لاؤ اللہ پر اور اس کے رسول پر یہ اللہ کی مقرر کی ہوئی حدیں ہیں اور کافروں کے لیئے ایک بڑا ہی دردناک عذاب ہے

۵. بلا شبہ جو لوگ مخالفت کرتے ہیں اللہ کی اور اس کے رسول کی وہ اسی طرح ذلیل و خوار ہوں گے جس طرح کہ ان سے پہلے والے لوگ ذلیل و خوار ہو چکے ہیں بلاشبہ ہم نے (حق و حقیقت کو واضح کرنے کے لیئے) کھلی کھلی آیتیں نازل کر دی ہیں اور کافروں کے لیئے ایک بڑا ہی رسوا کن عذاب ہے

۶. جس دن کہ اللہ ان سب کو پھر سے زندہ کر کے اٹھائے گا پھر ان کو وہ سب کچھ (کھول کر) بتا دے گا جو یہ لوگ (زندگی بھر) کرتے رہے تھے یہ تو اسے بھول گئے ہیں مگر اللہ نے ان کا سب کیا دھرا گن گن کر محفوظ کر رکھا ہے اور اللہ ہر چیز پر مطلع ہے

۷. کیا تم نے اس پر غور نہیں کیا کہ اللہ کو قطعی طور پر معلوم ہے وہ سب کچھ جو کہ آسمانوں میں ہے اور وہ سب کچھ بھی جو کہ زمین میں ہے کوئی سرگوشی نہیں ہوتی تین آدمیوں کی مگر وہ ان کا چوتھا ہوتا ہے اور نہ پانچ کی مگر وہ ان کا چھٹا ہوتا ہے اور نہ کوئی اس سے کم اور نہ زیادہ مگر وہ ان کے ساتھ ہوتا ہے وہ جہاں کہیں بھی ہوں پھر وہ خبر کر دے گا ان کو قیامت کے دن ان کے ان تمام کاموں کی جو یہ لوگ (زندگی بھر) کرتے رہے تھے بلاشبہ اللہ ہر چیز کو پوری طرح جانتا ہے

۸. کیا تم نے ان لوگوں کو نہیں دیکھا جن کو سرگوشیاں کرنے سے منع کر دیا گیا مگر وہ پھر وہی حرکت کیئے جاتے ہیں جس سے انہیں روکا گیا ہے اور وہ سرگوشی کرتے ہیں گناہ کی اور (ظلم و) زیادتی کی اور (خدا کے) رسول کی نافرمانی کی اور جب وہ آپ کے پاس آتے ہیں

تو آپ کو ان لفظوں سے سلام کرتے ہیں جن سے اللہ نے آپ کو سلام نہیں کیا اور وہ اپنے دلوں میں کہتے ہیں کہ اللہ ہمیں ہماری ان باتوں پر عذاب کیوں نہیں دیتا ان کے لئے کافی ہے جہنم جس میں ان کو داخل ہونا ہو گا سو بڑا ہی برا ٹھکانہ ہے وہ

۹. اے وہ لوگوں جو ایمان لائے ہو جب تمہیں آپس میں سرگوشی کرنا ہو تو گناہ زیادتی اور رسول کی نافرمانی کی سرگوشی مت کرنا بلکہ نیکی اور پرہیزگاری کی سرگوشی کیا کرو اور ہمیشہ ڈرتے رہا کرو اللہ سے. جس کے حضور تم سب کو حشر میں پیش ہونا ہے

۱۰. ایسی سرگوشی تو محض شیطان کی طرف سے ہوتی ہے تاکہ اس طرح وہ غم میں ڈالے ان لوگوں کو جو ایمان لائے حالانکہ وہ ان کا نقصان کچھ بھی نہیں کر سکتا مگر اللہ ہی کے اذن سے اور اللہ ہی پر بھروسہ کرنا چاہیے ایمان والوں کو

۱۱. اے وہ لوگوں جو ایمان لائے ہو جب تم سے کہا جایا کرے کہ اپنی مجلسوں میں کشادگی پیدا کرو تو تم جگہ کشادہ کر دیا کرو اللہ تم کو کشادگی عطا فرمائے گا اور جب تم سے کہا جایا کرے کہ اٹھ جاؤ تو تم اٹھ جایا کرو اللہ تم میں سے ان لوگوں کے درجے بلند فرمائے گا جو ایمان لائے اور جن کو علم (کا نور) بخشا گیا ہے اور اللہ پوری طرح باخبر ہے ان تمام کاموں سے جو تم لوگ کرتے ہو

۱۲. اے وہ لوگوں جو ایمان لائے ہو جب تمہیں اللہ کے رسول سے کوئی تخلیے میں کرنا ہو تو تم اپنی اس بات سے پہلے کچھ صدقہ کر لیا کرو، یہ تمہارے لئے بہت اچھا اور بڑا پاکیزہ طریقہ ہے پس اگر تم (اس کی گنجائش) نہ پاؤ تو (کوئی حرج نہیں کہ) یقیناً اللہ بڑا ہی معاف کرنے والا انتہائی مہربان ہے

۱۲.	کیا تم لوگ اس بات سے ڈر گئے ہو کہ تمہیں تخلیے میں بات کرنے سے پہلے کچھ صدقات دینے ہوں گے؟ پس جب تم ایسا نہیں کر سکے اور اللہ نے بھی تمہارے حال پر عنایت فرما دی تواب (تمہیں صرف یہ ہدایت ہے کہ) تم نماز قائم رکھو، زکوٰۃ ادا کرو، اور (صدقِ دل سے) اطاعت کرو اللہ کی اور اس کے رسول کی اور (یاد رکھو کہ) اللہ پوری طرح باخبر ہے ان سب کاموں سے جو تم لوگ کرتے ہو

۱۴.	کیا تم نے ان لوگوں کو نہیں دیکھا جو ایک ایسی قوم سے دوستی رکھتے ہیں جن پر اللہ کا غضب نازل ہو چکا ہے یہ لوگ نہ تمہارے ساتھ ہیں نہ ان کے ساتھ اور یہ (ایسے بدبخت ہیں کہ) قسمیں کھاتے ہیں جھوٹ پر جانتے بوجھتے

۱۵.	اللہ نے تیار کر رکھا ہے ان کے لئے ایک بڑا ہی سخت (اور ہولناک) عذاب بیشک بڑے ہی برے ہیں وہ کام جو یہ لوگ کرتے ہیں

۱۶.	انہوں نے اپنی قسموں کو (اپنے بچاؤ کے لئے) ایک ڈھال بنا رکھا ہے پھر وہ (دوسروں کو بھی) روکتے ہیں اللہ کی راہ سے سو ان کے لئے ایک بڑا ہی رسوا کن عذاب ہے

۱۷.	اللہ کے مقابلے میں نہ تو ان کے مال ان کے کچھ کام آسکیں گے اور نہ ہی ان کی اولادیں یہ جہنمی ہیں انہیں ہمیشہ اسی میں رہنا ہو گا

۱۸.	جس دن اللہ ان سب کو دوبارہ اٹھا کھڑا کرے گا تو یہ اس کے سامنے بھی اسی طرح قسمیں کھائیں گے جس طرح آج تمہارے سامنے کھاتے ہیں اور یہ اپنے طور پر سمجھیں گے کہ یہ کسی بنیاد پر ہیں آگاہ رہو کہ یہ پرلے درجے کے جھوٹے ہیں

۱۹. شیطان نے ان پر اس طرح قابو پا لیا ہے کہ اس نے ان کو اللہ کی یاد (کی دولت) بھلا دی یہ لوگ شیطان کا گروہ ہیں آگاہ رہو کہ شیطانی گروہ کے لوگ ہی اصل میں نقصان اٹھانے والے ہیں

۲۰. جو لوگ مخالفت کرتے ہیں اللہ اور اس کے رسول کی وہ (خواہ بظاہر کچھ بھی بنے پھرتے ہوں حقیقت میں وہ) ذلیل ترین لوگوں میں سے ہیں

۲۱. اللہ نے لکھ دیا ہے کہ غلبہ یقینی طور پر میرا اور میرے رسولوں ہی کا ہوگا بلاشبہ اللہ بڑا ہی قوت والا انتہائی زبردست ہے

۲۲. تم ایسا نہیں پاؤ گے کہ جو لوگ (سچے دل سے) ایمان رکھتے ہوں اللہ پر اور قیامت کے دن پر وہ دوستی رکھتے ہوں ان لوگوں سے جو مخالفت کرتے ہیں اللہ اور اس کے رسول کی اگرچہ وہ ان کے باپ یا بیٹے یا بھائی یا کنبہ (قبیلہ) ہی کیوں نہ ہوں (کیونکہ) یہ وہ لوگ ہیں جن کے دلوں میں اللہ نے نقش فرما دیا (دولت) ایمان کو اور اس نے ان کی تائید (و تقویت) فرما دی اپنی طرف سے ایک عظیم الشان روح کے ذریعے اور وہ ان کو داخل فرمائے گا ایسی عظیم الشان جنتوں میں جن کے نیچے سے بہہ رہی ہوں گی طرح طرح کی نہریں جن میں ان کو ہمیشہ رہنا نصیب ہوگا اللہ ان سے راضی ہو گیا اور یہ اس سے راضی ہو گئے یہ لوگ ہیں اللہ کی جماعت آگاہ رہو کہ اللہ کی جماعت ہی یقینی طور پر فلاح پانے والی ہے

***

# ۵۹۔ الحشر

بِسۡمِ اللّٰہِ الرَّحۡمٰنِ الرَّحِیۡمِ

اللہ کے نام سے جو رحمان و رحیم ہے

۱. اللہ ہی کی تسبیح کی (اور تسبیح کرتا ہے) وہ سب کچھ جو کہ آسمانوں میں ہے اور وہ سب کچھ جو کہ زمین میں ہے اور وہی ہے سب پر غالب بڑا ہی حکمت والا

۲. وہ وہی ہے جس نے نکال باہر کیا اہل کتاب کے کافروں کو ان کے گھروں سے پہلے حشر میں (ورنہ ظاہری حالات کے اعتبار سے) تمہیں یہ گمان بھی نہ تھا کہ کبھی یہ لوگ اپنے گھروں سے نکل جائیں گے اور خود انہوں نے بھی یہ سمجھ رکھا تھا کہ ان کے (یہ مضبوط) قلعے ان کو بچالیں گے اللہ سے مگر اللہ (کا عذاب) ان پر وہاں سے آیا جہاں سے ان کو گماں بھی نہ تھا اور اس نے ان کے دلوں میں ایسا رعب ڈال دیا کہ یہ اپنے گھروں کو خود اپنے ہاتھوں سے بھی ویران کر رہے تھے اور اہل ایمان کے ہاتھوں سے بھی (ان کو ویران کروا رہے تھے) پس تم عبرت پکڑو اے دیدہ بینا رکھنے والو!

۳. اور اگر اللہ نے ان کے حق میں جلا وطنی نہ لکھ دی ہوتی تو وہ ان کو دنیا ہی میں عذاب دے ڈالتا اور آخرت میں تو ان کے لئے دوزخ کا عذاب مقرر ہے ہی

۴۔ یہ سب کچھ اس لئے کہ ان لوگوں نے مقابلہ کیا اللہ کا اور اس کے رسول کا اور جو کوئی اللہ کا مقابلہ کرتا ہے تو ( وہ اپنے انجام کو پہنچ کر رہتا ہے کیونکہ ) بیشک اللہ بڑا ہی سخت عذاب دینے والا ہے

۵۔ جو بھی کوئی درخت کھجور کا تم لوگوں نے کاٹا ( اے مسلمانو! ) یا اسے باقی رہنے دیا اپنی جڑوں پر تو یہ سب کچھ اللہ ہی کے حکم سے تھا اور ( اللہ نے یہ حکم اس لئے دیا کہ ) تاکہ وہ رسوا کرے ان بدکاروں کو

۶۔ اور جو بھی کچھ مال لوٹایا ہے اللہ نے اپنے رسول پر ان لوگوں کے قبضے سے نکال کر تو اس پر تم لوگوں نے ( اے مسلمانو! ) نہ گھوڑے دوڑائے نہ اونٹ بلکہ اللہ ( اپنی شان قدرت و عنایت سے ) اپنے رسولوں کو جس پر چاہے تسلط ( اور غلبہ ) عطا فرما دیتا ہے اور اللہ ہر چیز پر پوری قدرت رکھتا ہے

۷۔ جو بھی کچھ اللہ نے ان بستیوں کے لوگوں سے لوٹا دیا اپنے رسول کی طرف تو وہ حق ہے اللہ کا، اس کے رسول کا اور رشتہ داروں یتیموں مسکینوں اور مسافروں کا تاکہ وہ ( مال ) تمہارے مال دار لوگوں کے درمیان ہی گردش کرتا نہ رہ جائے اور جو بھی کچھ رسول تمہیں عطا فرمائیں اسے لے لیا کرو اور جس سے وہ تمہیں روکیں اس سے رک جایا کرو اور ( ہمیشہ ) ڈرتے رہا کرو اللہ سے بیشک اللہ بڑا ہی سخت عذاب دینے والا ہے

۸۔ یعنی ( یہ اموال دراصل حق ہیں ) ان ( لٹے پٹے ) ضرورت مند مہاجرین کا جن کو ( ناحق طور پر ) نکال باہر کیا گیا ان کے گھروں اور ان کے مالوں سے وہ اللہ کا فضل اور اس کی رضامندی چاہتے ہیں اور وہ مدد کرتے ہیں اللہ ( کے دین ) کی اور اس کے رسول کی یہی لوگ ہیں راست باز

۹. نیز (یہ مال حق ہے) ان لوگوں کا جنھوں نے قرار پکڑلیا ان سے پہلے (ہجرت اور امن و سلامتی کے) اس گھر میں اور وہ پختہ کار ہو گئے اپنے ایمان (و یقین) میں وہ محبت کرتے ہیں ان سے جو ہجرت کر کے ان کے پاس آتے ہیں اور یہ اپنے دلوں میں کوئی خلش (اور تنگی) نہیں پاتے اس سے جو کچھ کہ ان کو دیا جائے اور (اس سے بھی بڑھ کر یہ کہ) وہ ان کو اپنی جانوں پر بھی ترجیح دیتے ہیں اگرچہ خود ان کو سخت محتاجی ہو اور حقیقت یہ ہے جو کوئی اپنے نفس کی تنگی سے بچا لیا گیا تو (وہ کامیاب ہو گیا کہ) ایسے ہی لوگ کامیابی پانے والے ہوتے ہیں

۱۰. نیز (یہ مال) ان لوگوں کا (حق ہے) جو ان سب کے بعد آئے ہیں جو کہتے ہیں کہ اے ہمارے رب بخش دے ہمیں بھی اور ہمارے ان بھائیوں کو بھی جو ہم سے پہلے ایمان لا چکے ہیں اور ہمارے دلوں میں ایمان والوں کے لئے کسی قسم کا کوئی کھوٹ نہ رکھ اے ہمارے رب بلاشبہ تو بڑا ہی شفیق انتہائی مہربان ہے

۱۱. یا تم نے ان لوگوں کو نہیں دیکھا جنھوں نے منافقت کو اپنا رکھا ہے کہ وہ (کس ڈھٹائی سے) اہل کتاب کے اپنے کافر بھائیوں سے کہتے ہیں کہ اگر تمہیں نکالا گیا تو ہم بھی ضرور تمہارے ساتھ نکل پڑیں گے اور تمہارے بارے میں ہم کبھی کسی کی بھی بات نہیں مانیں گے اور اگر تم سے لڑائی کی گئی تو ہم ضرور بالضرور (اور ہر قیمت پر) تمہاری مدد کریں گے مگر اللہ گواہ ہے کہ یہ لوگ قطعی طور پر جھوٹے ہیں

۱۲. (چنانچہ) اگر ان کو نکالا گیا تو یہ کبھی ان کے ساتھ نہیں نکلیں گے اور اگر ان سے لڑائی ہوئی تو یہ ان کی کوئی مدد نہیں کریں گے اور اگر (بالفرض) انہوں نے ان کی مدد کی بھی تو یہ یقیناً پیٹھ پھیر کر بھاگ نکلیں گے پھر کہیں سے خود ان کی کبھی کوئی مدد نہ ہوگی

۱۲. بیشک ان لوگوں کے دلوں میں تمہارا خوف (اے ایمان والو!) اللہ (کے خوف) سے بھی بڑھ کر ہے یہ اس لئے کہ یہ ایسے لوگ ہیں جو سمجھتے نہیں

۱۴. یہ کبھی اکٹھے ہو کر (کھلے میدان میں) تم سے نہیں لڑیں گے مگر قلعہ بند بستیوں میں یا دیواروں کی آڑ میں ان کی لڑائی آپس میں بڑی سخت ہے تم ان کو اکٹھا سمجھتے ہو مگر (حقیقت یہ ہے کہ) ان کے دل آپس میں پھٹے ہوئے ہیں یہ اس لئے کہ یہ ایسے لوگ ہیں جو عقل سے کام نہیں لیتے

۱۵. ان کا حال تو انہی لوگوں جیسا ہے جو ان سے کچھ ہی پہلے اپنے کئے کا مزہ چکھ چکے ہیں اور (آخرت میں تو) ان کے لئے ایک بڑا ہی دردناک عذاب ہے

۱۶. ان کی مثال تو شیطان کی سی ہے کہ وہ پہلے تو انسان سے کہتا ہے کہ تو کفر کر مگر جب وہ کفر کر بیٹھتا ہے تو یہ اس سے کہتا ہے کہ میرا تجھ سے کوئی واسطہ نہیں میں تو بہر حال اللہ سے ڈرتا ہوں جو کہ پروردگار ہے سارے جہانوں کا

۱۷. پھر ان دونوں کا انجام یہ ہوتا ہے کہ وہ دونوں دوزخ میں ہونگے جہاں انہیں ہمیشہ رہنا ہوگا اور یہی جزا ہے ایسے ظالموں کی

۱۸. اے وہ لوگوں جو ایمان لائے ہو ڈرو تم اللہ سے اور ہر شخص کو چاہیے کہ وہ خود دیکھ لے کہ اس نے کیا سامان کیا ہے آنے والے کل کے لئے اور ڈرتے رہا کرو تم (ہر حال میں اپنے) اللہ سے بیشک اللہ پوری طرح باخبر ہے ان تمام کاموں سے جو تم لوگ کرتے ہو

۱۹. اور تم ان لوگوں کی طرح نہ ہو جانا جنہوں نے بھلا دیا اللہ کو تو اس کے نتیجے میں اللہ نے ان کو خود اپنی جانوں سے غافل کر دیا ایسے ہی لوگ ہیں فاسق (و بدکار)

۲۰. باہم یکساں (وبرابر) نہیں ہوسکتے دوزخ والے اور جنت والے، جنت والے ہی حقیقت میں کامیاب (اور فائزالمرام) ہیں

۲۱. اگر ہم اس قرآن کو کسی پہاڑ پر اتار دیتے تو تم اسے دیکھتے کہ وہ بھی دبا جارہا ہے اور پھٹا پڑ رہا ہے اللہ کے خوف سے اور یہ مثالیں ہم بیان کرتے ہیں لوگوں کے لئے تاکہ وہ غور وفکر سے کام لیں

۲۲. وہ اللہ وہی ہے جس کے سوا کوئی معبود نہیں جو (ایک برابر) جاننے والا ہے نہاں و عیاں کو وہی ہے بڑا مہربان نہایت رحم فرمانے والا

۲۲. وہ اللہ وہی ہے جس کے سوا کوئی معبود نہیں وہ بادشاہ حقیقی ہے نہایت پاک سراسر سلامتی امن دینے والا نگہبان سب پر غالب ہر خرابی کو درست کرنے والا بڑی ہی عظمت والا اللہ پاک ہے ان تمام چیزوں سے جن کو یہ لوگ اس کا شریک ٹھہراتے ہیں

۲۴. وہی اللہ ہے پیدا کرنے والا وجود بخشنے والا صورت گری کرنے والا اسی کے لئے ہیں سب اچھے نام اسی کی پاکی بیان کرتا ہے وہ سب کچھ جو کہ آسمانوں اور زمین میں ہے اور وہی ہے سب پر غالب انتہائی حکمت والا

***

# ٦٠۔ الممتحنۃ

بِسْمِ اللّٰهِ الرَّحْمٰنِ الرَّحِيْمِ

اللہ کے نام سے جو رحمان ورحیم ہے

۱. اے وہ لوگوں جو ایمان لائے ہو تم اپنا دوست مت بناؤ میرے دشمنوں اور اپنے دشمنوں کو تم ان کی طرف دوستی کے پیغام بھیجتے ہو حالانکہ وہ کھلا کفر (اور انکار) کر چکے ہیں اس دین حق کا جو تمہارے پاس آچکا ہے (تمہارے خالق ومالک کی طرف سے) اور وہ نکالتے ہیں اللہ کے رسول کو اور خود تم کو (تمہارے گھروں سے) محض اس بناء پر کہ تم لوگ ایمان رکھتے ہو اللہ پر جو کہ رب ہے تم سب کا (پس تم ایسوں کو اپنا دوست مت بناؤ) اگر تم میری راہ میں جہاد کرنے اور میری رضا جوئی کی خاطر نکلے ہو تم ان کی طرف چھپا کر دوستی کے پیغام بھیجتے ہو اور مجھے خوب معلوم ہے وہ سب کچھ بھی جو کہ تم لوگ چھپا کر کرتے ہو اور وہ سب کچھ بھی جو کہ تم اعلانیہ طور پر کرتے ہو اور (جان لو کہ) تم میں سے جس نے بھی ایسا کیا وہ یقیناً بھٹک گیا سیدھی راہ سے

۲. (ان کا حال تو یہ ہے کہ) اگر ان کو تم پر قابو مل جائے تو وہ (فوراً) تمہارے ساتھ دشمنی کا کام شروع کر دیں اور اپنے ہاتھ اور اپنی زبانیں برائی کے ساتھ تمہاری طرف دراز کر دیں وہ تو یہ چاہتے ہیں کہ تم بھی کفر ہی کرنے لگو

۲.	قیامت کے دن نہ تو تمہاری رشتہ داریاں تمہیں کچھ کام دے سکیں گی اور نہ ہی تمہاری اولادیں اس روز اللہ فیصلہ فرما دے گا تمہارے درمیان اور اللہ خوب دیکھتا ہے ان سب کاموں کو جو تم لوگ کر رہے ہو

۴.	بلاشبہ تمہارے لئے بڑا عمدہ نمونہ ہے ابراہیم اور ان لوگوں (کی زندگیوں) میں جو ان کے ساتھ تھے جب کہ انہوں نے اپنی قوم سے صاف کہہ دیا کہ ہم قطعی طور پر بیزار ہیں تم سے بھی اور تمہارے ان جملہ معبودوں سے بھی جن کو تم لوگ پوجتے (پکارتے) ہو اللہ کے سوا ہم نے (ڈنکے کی چوٹ) کفر (و انکار) کیا تم سب سے اور ظاہر ہو گئی تمہارے اور ہمارے درمیان عداوت (و دشمنی) اور بغض (و بیر) ہمیشہ کے لئے یہاں تک تم ایمان لاؤ اللہ واحد پر مگر ابراہیم کا اپنے باپ سے یہ کہنا (اس سے مستثنیٰ ہے) کہ میں آپ کے لئے (اپنے رب سے) معافی کی درخواست تو ضرور کروں گا مگر میں آپ کے لئے اللہ کی طرف سے کسی بھی بات کا کوئی اختیار نہیں رکھتا (اور اس اعلان بیزاری کے بعد ابراہیم اور ان کے ساتھیوں نے یوں دعاء کی کہ) اے ہمارے پروردگار ہمارا بھروسہ تجھ ہی پر ہے ہم نے تیری ہی طرف رجوع کیا اور تیری ہی طرف لوٹ کر جانا ہے (ہم سب نے)

۵.	اے ہمارے پروردگار ہمیں فتنہ (اور آزمائش کا سامان) نہ بنانا کافروں کے لئے اور بخشش فرما دے ہم سب کی اے ہمارے رب بلاشبہ تو ہی ہے سب پر غالب بڑا ہی حکمت والا

۶.	بلاشبہ تمہارے لئے (اے مسلمانو!) بڑا عمدہ نمونہ ہے ان لوگوں (کی زندگیوں) میں یعنی ہر اس شخص کے لئے جو امید رکھتا ہو اللہ (سے ملنے) کی اور قیامت کے دن (کے

آنے) کی اور جو کوئی روگردانی کرے گا تو (وہ یقیناً اپنا ہی نقصان کرے گا کہ) بیشک اللہ (سب سے اور ہر طرح سے) غنی (و بے نیاز اور) اپنی ذات میں آپ محمود ہے

۷. بعید نہیں کہ اللہ محبت ڈال دے تمہارے درمیان اور ان لوگوں کے درمیان جن سے آج تمہاری دشمنی ہے کہ اللہ بڑی ہی قدرت والا ہے اور اللہ بڑا ہی بخشنے والا نہایت مہربان ہے

۸. اللہ تمہیں ان لوگوں کے ساتھ نیکی اور انصاف کا سلوک کرنے سے نہیں روکتا جنہوں نے نہ تو دین کے معاملے میں تم سے جنگ کی اور نہ ہی انہوں نے تمہیں تمہارے گھروں سے نکالا بلاشبہ اللہ پسند فرماتا (اور محبت کرتا) ہے انصاف کرنے والوں سے

۹. اللہ تو تمہیں تو روکتا ہے ان لوگوں (کی دوستی) سے جنہوں نے تم سے جنگ کی دین کے معاملے میں اور انہوں نے تمہیں نکال باہر کیا تمہارے اپنے گھروں سے اور انہوں نے تمہارے اخراج کے بارے میں آپس میں ایک دوسرے کی مدد کی اور (یہ روکنا بھی اس لئے ہے کہ) جو کوئی ان سے دوستی کرے گا تو ایسے ہی لوگ ظالم ہوں گے

۱۰. اے وہ لوگوں جو ایمان لائے ہو جب مومن عورتیں ہجرت کر کے تمہارے پاس آئیں تو تم ان کی جانچ پڑتال کر لیا کرو اللہ تو خوب جانتا ہے ان کے ایمان (کی حقیقت) کو (پر تمہیں تحقیق کرنے کی ضرورت ہے) پس اگر تمہیں وہ مومن معلوم ہوں تو تم انہیں کفار کی طرف واپس نہیں کرنا (کیونکہ) نہ تو یہ عورتیں ان (کفار) کے لئے حلال ہیں اور نہ وہ (کافر) ان کے لئے حلال ہیں البتہ ان کے شوہروں نے جو کچھ (ان کے مہر وغیرہ میں) خرچ کیا ہو وہ تم ان کو دے دو اور ان سے نکاح کر لینے میں تم پر کوئی گناہ نہیں جب کہ تم ان کو ان کے مہر دے دیا کرو اور تم خود بھی کافر عورتوں کی عصمتوں کو اپنے قبضے میں نہ رکھو اور جو کچھ تم

نے خرچ کیا ہو وہ (ان کافروں سے) مانگ لیا کرو اور جو کچھ انہوں نے خرچ کیا ہو وہ ان کو مانگ لینا چاہیے یہ اللہ کا حکم ہے وہ خود تمہارے درمیان فیصلہ فرماتا ہے اور اللہ سب کچھ جانتا بڑا ہی حکمت والا ہے

۱۱. اور اگر تمہاری (کافر) بیویوں (کے مہروں) میں سے کچھ تمہیں کفار سے واپس نہ ملے پھر تمہاری باری آئے تو جن لوگوں کی بیویاں ادھر رہ گئی ہوں تم ان کو اتنی رقم ادا کر دو جتنی کہ انہوں نے خرچ کی ہو اور ڈرتے رہا کرو تم اس اللہ سے جس پر تم ایمان رکھتے ہو

۱۲. اے نبی جب مومن عورتیں آپ کے پاس ان باتوں پر بیعت کرنے کے لئے آئیں کہ نہ تو وہ اللہ کے ساتھ کسی بھی چیز کو شریک ٹھہرائیں گی نہ چوری کریں گی نہ زنا کریں گی نہ اپنی اولاد کو قتل کریں گی اور نہ ہی وہ کوئی ایسا بہتان لائیں گی جس کو وہ گھڑیں اپنے ہاتھوں اور پاؤں کے درمیان اور نہ ہی وہ آپ کی نافرمانی (اور حکم عدولی) کریں گی نیکی کے کسی بھی کام میں تو آپ ان کی بیعت کو قبول کر لیا کریں اور ان کے لئے اللہ سے بخشش کی دعاء کیا کریں بلاشبہ اللہ بڑا ہی درگزر کرنے والا انتہائی مہربان ہے

۱۳. اے وہ لوگوں جو ایمان لائے ہو تم دوستی نہیں کرنا ان لوگوں سے جن پر غضب نازل ہو چکا اللہ کا وہ یقیناً آخرت سے ایسے ہی مایوس ہو گئے ہیں جیسے قبروں میں پڑے ہوئے کفار مایوس ہو گئے ہیں

***

# ٦١ ۔ الصف

بِسۡمِ اللّٰهِ الرَّحۡمٰنِ الرَّحِيۡمِ

اللہ کے نام سے جو رحمان ورحیم ہے

١. اللہ ہی کی پاکی بیان کرتا ہے وہ سب کچھ جو کہ آسمانوں میں ہے اور وہ سب کچھ بھی جو کہ زمین میں ہے اور وہی ہے سب پر غالب انتہائی حکمت والا

٢. اے وہ لوگوں جو ایمان لائے ہو تم ایسی بات کیوں کہتے ہو جو تم خود نہیں کرتے؟

٣. اللہ کے نزدیک یہ طریقہ بڑا ہی ناپسندیدہ ہے کہ تم وہ کچھ کہو جو کہ خود نہ کرو

٤. بلاشبہ اللہ ان لوگوں سے محبت کرتا ہے، جو اس کی راہ میں اس طرح صف باندھ کر لڑتے ہیں کہ گویا وہ ایک سیسہ پلائی ہوئی دیوار ہیں

٥. اور (وہ بھی یاد کرو کہ) جب موسیٰ نے اپنی قوم سے کہا تھا کہ اے میری قوم تم مجھے کیوں ستاتے ہو حالانکہ تمہیں اچھی طرح معلوم ہے کہ میں تمہاری طرف اللہ کا بھیجا ہوا رسول ہوں مگر (اس کے باوجود) جب ان لوگوں نے ٹیڑھے پن ہی کو اختیار کیا تو اللہ نے ٹیڑھا کر دیا ان کے دلوں کو اور اللہ ہدایت (کی دولت و نعمت) سے نہیں نوازتا ایسے بدکاروں کو

٦. اور (وہ بھی یاد کرو کہ) جب عیسیٰ بیٹے مریم نے کہا اے اسرائیل کی اولاد میں یقیناً تمہاری طرف اللہ کا بھیجا ہوا رسول ہوں اس حال میں کہ تصدیق کرنے والا ہوں اس تورات

کی جو کہ آ چکی ہے مجھ سے پہلے (حضرت موسیٰ پر) اور اس حال میں کہ میں خوشخبری سنانے والا ہوں ایک ایسے عظیم الشان رسول کی جو تشریف لانے والے ہیں میرے بعد جن کا نام (نامی اور اسم گرامی) احمد ہوگا مگر جب وہ آ گئے ان کے پاس کھلے اور روشن دلائل کے ساتھ تو ان لوگوں نے کہا کہ یہ تو ایک جادو ہے کھلم کھلا

۷. اور اس سے بڑھ کر ظالم اور کون ہو سکتا ہے جو جھوٹ باندھے اللہ پر جب کہ اس کو بلایا جا رہا ہو اسلام (کے نور مبین) کی طرف ؟ اور اللہ ہدایت (کی عظیم الشان اور بے مثل دولت) سے سرفراز نہیں فرماتا ایسے ظالم لوگوں کو

۸. یہ لوگ تو چاہتے ہیں کہ (کسی طرح) بجھا دیں اللہ کے (اس) نور کو اپنے مونہوں (کی پھونکوں) سے مگر اللہ نے بہر حال پورا کر کے رہنا ہے اپنے نور کو اگرچہ ناگوار ہو کافروں کو

۹. وہ (اللہ) وہی تو ہے جس نے بھیجا اپنے رسول کو ہدایت اور دین حق کے (عظیم الشان نور کے) ساتھ تاکہ وہ اس کو غالب کر دے سب دینوں پر اگرچہ یہ بات ناگوار ہو مشرکوں کو

۱۰. اے وہ لوگو جو ایمان لائے ہو کیا میں تم کو ایک ایسی عظیم الشان تجارت کا پتہ (نہ) بتا دوں ؟ جو تم کو نجات دلا دے ایک بڑے ہی دردناک عذاب سے ؟

۱۱. (یہ کہ) تم لوگ (صدق دل سے) ایمان لاؤ اللہ پر اور اس کے رسول پر اور جہاد کرو اللہ کی راہ میں اپنے مالوں سے بھی اور اپنی جانوں سے بھی یہ تمہارے لئے بہت ہی بہتر ہے اگر تم جانو

۱۲. (کہ اس سے) اللہ بخشش فرما دے گا تمہارے گناہوں کی اور داخل فرما دے گا تم کو ایسی عظیم الشان جنتوں میں جن کے نیچے سے بہہ رہی ہوں گی (طرح طرح کی عظیم الشان) نہریں اور تم کو نوازے گا وہ ایسے پاکیزہ گھروں سے جو کہ ابدی قیام کی (اور سدا بہار) جنتوں میں ہوں گے یہی ہے بڑی کامیابی

۱۲. اور ایک اور چیز بھی وہ تمہیں عطا فرمائے گا جو تم لوگ پسند کرتے ہو یعنی اللہ کی طرف سے مدد اور جلد ہی ملنے والی فتح اور خوشخبری سنا دو (دولتِ) ایمان رکھنے والوں کو

۱۴. اے وہ لوگوں جو ایمان لائے ہو، ہو جاؤ تم مددگار اللہ کے (دین کے) جیسا کہ عیسیٰ بیٹے مریم نے کہا تھا حواریوں سے کہ کون ہے جو مددگار ہو میرا اللہ کی طرف (بلانے میں)؟ تو حواریوں نے اس کے جواب میں کہا تھا کہ ہم ہیں مددگار اللہ کے (دین) کے پھر ایمان لے آیا ایک گروہ بنی اسرائیل کا اور کفر (و انکار) کیا دوسرے گروہ نے سو ہم نے اپنی (نصرت و) تائید سے نوازا ان کو جو ایمان لائے تھے ان کے دشمنوں پر جس سے وہ ہو گئے غالب (و فتح مند اپنے دشمنوں پر)

***

# ٦٢۔ الجمعہ

بِسْمِ اللّٰهِ الرَّحْمٰنِ الرَّحِيْمِ

اللہ کے نام سے جو رحمان ورحیم ہے

۱.    اللہ کی پاکی بیان کرتا ہے وہ سب کچھ جو کہ آسمانوں میں ہے اور وہ سب کچھ بھی جو کہ زمین میں ہے جو کہ بادشاہ ہے ہر طرح سے پاک سب پر غالب اور انتہائی حکمت والا ہے

۲.    وہ (اللہ) وہی ہے جس نے (عرب کے) ان اَن پڑھوں میں ان ہی میں سے ایک ایسا عظیم الشان رسول بھیجا جو کہ پڑھ پڑھ کر سناتا (سمجھاتا) ہے ان کو اس کی آیتیں اور وہ سنوارتا (نکھارتا) ہے ان کے باطن کو اور سکھاتا (پڑھاتا) ہے ان کو کتاب و حکمت (کے مطالب و معانی کے انمول خزانے) جب کہ یہ لوگ اس سے قبل یقیناً پڑے تھے کھلی گمراہی میں

۲.    نیز (اس رسول کی تشریف آوری) ان دوسرے تمام لوگوں کے لئے بھی ہے جو ابھی تک ان سے نہیں ملے اور وہی (اللہ) ہے سب پر غالب نہایت حکمت والا

۴.    یہ اللہ کا فضل ہے وہ اس کو جسے چاہتا ہے عطا فرما دیتا ہے اور اللہ بڑا ہی فضل کرنے والا ہے

۵.    مثال ان لوگوں کی جن سے اٹھوائی گئی تورات (اور ان کو اس پر عمل کا پابند کیا گیا) مگر انہوں نے اس کا بار نہ اٹھایا (اور اس پر عمل نہ کیا) اس گدھے کی سی ہے جس کی پیٹھ پر

لدی ہوں بہت سی (بھاری بھرکم) کتابیں بڑی ہی بری مثال ہے ان لوگوں کی جنہوں نے جھٹلایا اللہ کی آیتوں کو اور اللہ نہیں نوازتا ہدایت (کی دولت عظیم) سے ایسے ظالم لوگوں کو

۶۔ (ان سے) کہو کہ اے وہ لوگوں جو یہودی بن گئے ہو اگر تم نے یہ سمجھ رکھا ہے کہ تم اللہ کے دوست (اور پیارے) ہو باقی لوگوں کو چھوڑ کر تو تم تمنا کرو موت کی اگر تم سچے ہو (اپنے قول و قرار میں)

۷۔ مگر وہ کبھی بھی اس کی تمنا نہیں کریں گے بوجہ اپنے ان کرتوتوں کے جو وہ خود اپنے ہاتھوں آگے بھیج چکے ہیں اور اللہ خوب جانتا ہے ایسے ظالموں کو

۸۔ (ان سے) کہو کہ یہ قطعی حقیقت ہے کہ جس موت سے تم لوگ بھاگتے ہو وہ بہر طور تمہیں آ کر رہے گی پھر تم سب کو آخرکار بہر حال لوٹ کر جانا ہے اس (ذات اقدس و اعلیٰ) کے حضور جو ایک برابر جانتا ہے نہاں اور عیاں کو تب وہ خبر کر دے گا تم کو ان سب کاموں کی جو تم لوگ (زندگی بھر) کرتے رہے تھے

۹۔ اے وہ لوگوں جو ایمان لائے ہو جب اذان دی جائے نماز کے لئے جمعہ کے دن تو تم دوڑ پڑا کرو اللہ کے ذکر (اور اس کی یاد دل شاد) کی طرف اور چھوڑ دیا کرو تم خرید و فروخت (اور ہر طرح کے کاروبار) کو یہ تمہارے لئے کہیں زیادہ بہتر ہے اگر تم جانو

۱۰۔ پھر جب ادا کر دی جائے نماز تو تم لوگ پھیل جایا کرو (اللہ کی) زمین میں اور تلاش کیا کرو اللہ کا فضل (اور اس کی مہربانی یعنی تمہیں اس کی اجازت ہے) اور یاد کرتے رہا کرو تم لوگ (ہمیشہ اور ہر حال میں اور) کثرت کے ساتھ (اپنے) اللہ کو تاکہ تم فلاح پا سکو

۱۱۔ اور (ان لوگوں کا حال یہ ہے کہ) جب انہوں نے دیکھ لیا کوئی سامان تجارت یا کسی طرح کا کوئی (کھیل) تماشہ تو ٹوٹ پڑے اس پر اور چھوڑ دیا آپ کو کھڑا (اے پیغمبر سوان

سے) کہو کہ جو کچھ اللہ کے پاس ہے وہ بہر حال کہیں بہتر (اور بڑھیا) ہے ایسے (کھیل) تماشے اور سامان تجارت سے اور اللہ سب سے اچھا روزی دینے والا ہے
***

# ٦٣ ۔ المنافقون

بِسۡمِ اللّٰہِ الرَّحۡمٰنِ الرَّحِیۡمِ

اللہ کے نام سے جو رحمان ورحیم ہے

١. جب یہ منافق آپ کے پاس آتے ہیں تو کہتے ہیں کہ ہم گواہی دیتے ہیں کہ آپ بلا شبہ اللہ کے رسول ہیں اور اللہ کو خوب معلوم ہے کہ آپ قطعی طور پر اس کے رسول ہیں مگر اللہ گواہی دیتا ہے کہ یہ منافق قطعی طور پر جھوٹے ہیں

٢. انہوں نے تو اپنی قسموں کو ڈھال بنا رکھا ہے پھر یہ (دوسروں کو بھی) روکتے ہیں اللہ کی راہ سے بلاشبہ بڑی ہی بری ہیں وہ حرکتیں جو یہ لوگ کر رہے ہیں

٢. یہ اس لیے کہ یہ لوگ ایمان لائے پھر انہوں نے کفر کیا تو انکے دلوں پر مہر کر دی گئی جسکے نتیجے میں اب یہ کچھ نہیں سمجھتے

٤. اور جب تم انہیں دیکھو انکے ڈیل ڈول تم کو اچھے لگیں اور اگر یہ بولیں تو تم ان کی باتیں سنتے رہ جاؤ (مگر حقیقت میں) یہ گویا لکڑی کے ایسے کندے ہیں جو (دیوار وغیرہ کی) ٹیک پر رکھ دیئے گئے ہوں ہر اونچی آواز کو یہ لوگ اپنے ہی اوپر سمجھتے ہیں یہ دشمن ہیں پس تم ان سے بچ کر رہو اللہ انہیں غارت کرے یہ کہاں سے کہاں بھٹکے جا رہے ہیں

٥. اور (ان کا حال تو یہ ہے کہ) جب ان سے کہا جاتا ہے کہ آؤ تم لوگ (بارگاہ رسالت میں) تاکہ بخشش کی دعاء کریں تمہارے لیے اللہ کے رسول تو یہ اپنے سر جھٹک کر

(اور پیٹھ پھیر کر) چل دیتے ہیں اور تم انکو دیکھو گے تو (انکو ایسا پاؤ گے کہ) یہ بے رخی برتتے ہیں (قبولِ حق سے) اپنی بڑائی کے گھمنڈ میں بتلا ہو کر

٦. (اے پیغمبر) آپ ان کے لئے معافی کی درخواست کریں یا نہ کریں ان کے لئے بہر حال برابر ہے اللہ انکو ہر گز معاف نہیں کرے گا بیشک اللہ ہدایت (کی دولت) سے نہیں نوازتا ایسے بدکار لوگوں کو

٧. یہ وہی لوگ ہیں جو کہتے ہیں کہ تم ان لوگوں پر مت خرچ کرو جو رسول اللہ کے پاس ہیں یہاں تک کہ وہ تتر بتر ہو جائیں حالانکہ اللہ ہی کے لیے ہیں سب خزانے آسمانوں اور زمین کے مگر یہ منافق لوگ سمجھتے نہیں

٨. یہ کہتے ہیں کہ اگر ہم مدینے واپس پہنچ گئے تو جو عزت والا ہے وہ ذلت والے کو وہاں سے نکال کر دم لے گا حالانکہ عزت تو اصل میں اللہ ہی کے لئے ہے اور اس کے رسول اور ایمان والوں کے لئے مگر یہ منافق جانتے نہیں

٩. اے وہ لوگوں جو ایمان لائے ہو (خبردار! کہیں) غافل نہ کرنے پائیں تم کو تمہارے مال اور نہ تمہاری اولاد اللہ کے ذکر (اور اس کی یاد دلشاد) سے اور جو کوئی ایسا کرے گا تو ایسے لوگ خود اپنا ہی نقصان کرنے والے ہونگے

١٠. اور خرچ کرو تم اس میں سے جو کہ دیا ہے ہم نے تم کو (اپنے کرم سے) قبل اس سے کہ آپہنچے تم میں سے کسی کو موت پھر وہ (مارے افسوس کے) یوں کہنے لگے کہ اے میرے رب تو نے مجھے تھوڑی سی مہلت اور کیوں نہ دے دی تاکہ میں خوب صدقہ (و خیرات) کرتا اور میں ہو جاتا نیک لوگوں میں سے

۱۱. اور اللہ ہرگز ڈھیل نہیں دیتا کسی شخص کو جبکہ آپہنچے اس کا وقت (مقرر) اور اللہ پوری طرح باخبر ہے ان سب کاموں سے جو تم لوگ کرتے ہو

***

# ٦٤ ۔ التغابن

بِسۡمِ اللّٰهِ الرَّحۡمٰنِ الرَّحِيۡمِ

اللہ کے نام سے جو رحمان و رحیم ہے

۱. اللہ ہی کی پاکی بیان کر رہا ہے وہ سب کچھ جو کہ آسمانوں میں ہے اور وہ سب کچھ بھی جو کہ زمین میں ہے اسی کے لئے ہے بادشاہی اور اسی کے لئے ہے ہر تعریف اور وہی ہے جسے ہر چیز پر پوری قدرت ہے

۲. وہ وہی ہے جس نے پیدا فرمایا (اپنی قدرت کاملہ سے) تم سب کو (اے لوگو!) پھر تم میں سے کچھ تو کافر ہیں اور کچھ مومن اور اللہ پوری طرح دیکھتا ہے ان تمام کاموں کو جو تم لوگ کرتے ہو

۲. اسی نے پیدا فرمایا آسمانوں اور زمین کی اس عظیم الشان کائنات کو حق کے ساتھ اور اس نے صورت گری فرمائی تم سب کی سو کیا ہی عمدہ صورتیں بنائیں اس نے تمہاری اور اسی کی طرف لوٹنا ہے (سب کو اور ہر حال میں)

۴. وہ جانتا ہے وہ سب کچھ جو کہ آسمانوں اور زمین میں ہے اور (اسی طرح) وہ جانتا ہے وہ سب کچھ جو کہ تم لوگ چھپا کر کرتے ہو اور وہ سب کچھ بھی جو کہ تم اعلانیہ کرتے ہو اور اللہ پوری طرح جانتا ہے دلوں کی باتوں تک کو

۵.  کیا تم لوگوں کو خبر نہیں پہنچی ان لوگوں کی جنہوں نے کفر کیا تم سے پہلے پھر چکھنا پڑا ان کو وبال اپنے کیئے کا (اسی دنیا میں) اور ان کے لیئے ایک بڑا ہی دردناک عذاب ہے (آخرت میں)

۶.  یہ سب کچھ اس لیئے کہ ان کے پاس آئے ان کے رسول کھلے دلائل کے ساتھ مگر (اس سب کے باوجود) ان لوگوں نے یہی کہا کہ کیا انسان ہمیں ہدایت دیں گے؟ اس طرح انہوں نے کفر ہی کو اپنایا اور روگردانی ہی کی اور اللہ نے بھی اپنی بے نیازی کا معاملہ فرمایا اور اللہ تو ہے ہی (ہر طرح سے اور ہر کسی سے) بے نیاز اور ہر تعریف کا سزاوار (وحق دار)

۷.  کافر لوگوں نے بڑے دعوے سے کہا کہ ان کو ہرگز دوبارہ نہیں اٹھایا جائے گا (سو ان سے) کہو کہ کیوں نہیں؟ میرے رب کی قسم تم سب ضرور بالضرور دوبارہ اٹھائے جاؤ گے پھر تم کو ضرور بتا دیئے جائیں گے وہ سارے کام جو تم لوگ کرتے رہے تھے اور یہ اللہ کے لیئے بہت آسان ہے

۸.  پس تم ایمان لے آؤ اللہ پر اس کے رسول پر اور اس نور پر جسکو ہم نے اب اتارا ہے اور اللہ کو پوری خبر ہے ان سب کاموں کی جو تم لوگ کرتے ہو

۹.  اور (ہمیشہ یاد رکھو اس عظیم الشان اور ہولناک دن کو) جس دن کہ وہ جمع کر دے گا تم سب کو (ایک ہی آواز سے) اجتماع کے اس دن وہ دن ہوگا ہار جیت کے کھلنے کا دن اور (اس روز فیصلہ اس طرح ہوگا کہ) جو کوئی ایمان لایا ہوگا (سچے دل سے) اور اس نے کام بھی کیئے ہوں گے نیک تو اللہ مٹا دے گا اس سے اس کی برائیوں کو اور اس کو داخل فرما دے گا (اپنے کرم سے) ایسی عظیم الشان جنتوں میں جن کے نیچے سے بہہ رہی ہوں گی (طرح طرح

کی عظیم الشان) نہریں جن میں ہمیشہ رہیں گے ایسے (خوش نصیب) لوگ یہی ہے بڑی کامیابی

۱۰. اور اس کے بر عکس جنہوں نے (زندگی بھر) کفر ہی کیا ہوگا اور انہوں نے جھٹلایا ہوگا ہماری آیتوں کو تو ایسے لوگ دوزخی ہوں گے جس میں انہیں ہمیشہ رہنا ہوگا اور بڑا ہی برا ٹھکانا ہے وہ

۱۱. نہیں پہنچتی کوئی مصیبت مگر اللہ ہی کے اذن (و حکم) سے اور جو کوئی (سچے دل سے) ایمان رکھتا ہوگا اللہ پر تو اللہ ہدایت (کے نور) سے نواز دے گا اس کے دل کو اور اللہ ہر چیز کو پوری طرح جانتا ہے

۱۲. اور فرمانبرداری کرو تم سب لوگ اللہ کی اور اس کے رسول کی پھر اگر تم نے روگردانی ہی کی تو ہمارے رسول (کا کوئی نقصان نہیں کیونکہ ان) کے ذمے تو بس پہنچا دینا ہے کھول کر

۱۲. اللہ وہ ہے جس کے سوا کوئی معبود نہیں اور اللہ ہی پر بھروسہ کرنا چاہیے ایمان والوں کو

۱۴. اے وہ لوگوں جو ایمان لائے ہو یقیناً تمہاری بیویوں اور تمہاری اولادوں میں سے کچھ تمہارے دشمن ہیں پس تم ان سے بچ کر رہا کرو اور اگر تم معاف کر دیا کرو درگزر سے کام لیا کرو اور بخش دیا کرو تو (تمہارے لئے بھی بخشش کی امید ہو سکتی ہے کیونکہ) اللہ تعالیٰ یقیناً بڑا ہی بخشنے والا انتہائی مہربان ہے

۱۵. سوائے اس کے نہیں کہ تمہارے مال اور تمہاری اولادیں تو محض آزمائش کا سامان ہیں اور اللہ ہی ہے جس کے پاس بڑا عظیم الشان اجر ہے

۱۶. پس تم لوگ ڈرتے رہا کرو اللہ سے جتنا کہ تم سے ہو سکے اور تم سنتے اور مانتے رہا کرو اور خرچ بھی کیا کرو (کہ یہ سب کچھ) خود تمہارے ہی لئے بہتر ہے اور جو کوئی بچا لیا گیا اپنے نفس کی تنگی سے تو ایسے ہی لوگ ہیں فلاح پانے والے

۱۷. اگر تم قرض دو گے اللہ (پاک) کو اچھا قرض (اے ایمان والو) تو وہ تمہیں (کئی گنا) بڑھا کر دے گا اور تمہاری بخشش بھی فرمائے گا اور اللہ تو بڑا ہی قدرداں انتہائی بردبار ہے

۱۸. (ایک برابر) جاننے والا نہاں و عیاں کا بڑا ہی زبردست نہایت ہی حکمت والا

***

# ٦٥ ۔ الطلاق

بِسۡمِ اللّٰهِ الرَّحۡمٰنِ الرَّحِيۡمِ

اللہ کے نام سے جو رحمان و رحیم ہے

۱. اے نبی جب تم طلاق دو اپنی عورتوں کو تو ان کو طلاق دیا کرو ان کی عدت کے لئے اور اچھی طرح شمار کیا کرو عدت (کے زمانے) کو اور (ہمیشہ) ڈرتے رہا کرو تم لوگ اللہ سے جو کہ رب ہے تم سب کا نہ تو تم ان (عورتوں) کو ان کے گھروں سے نکالو اور نہ ہی وہ خود نکلیں مگر یہ کہ وہ ارتکاب کر بیٹھیں کسی کھلی بے حیائی کا اور یہ حدیں ہیں اللہ کی (مقرر کی ہوئی) اور جو کوئی تجاوز کرے گا اللہ کی (مقرر کردہ ان) حدود سے تو وہ یقیناً خود اپنے ہی اوپر ظلم کرے گا تم نہیں جانتے (اے طلاق دینے والے) کہ شاید اللہ تعالیٰ پیدا فرما دے اس (طلاق) کے بعد (بہتری اور موافقت کی) کوئی صورت

۲. پھر جب وہ پہنچ جائیں اپنی مدت (کے خاتمے) کو تو پھر تم یا تو ان کو روک رکھو (اپنے عقد نکاح میں رجوع کے ذریعے) دستور کے مطابق یا ان کو چھوڑ دو دستور کے مطابق اور گواہ بنا لیا کرو تم لوگ (ایسے ہر موقع پر) اپنے میں سے دو معتبر شخصوں کو اور تم اپنی گواہی ٹھیک ٹھیک اللہ (کی رضا) کے لئے ادا کیا کرو (اے گواہو!) ان باتوں کی نصیحت کی جاتی ہے ہر اس شخص کو جو (سچے دل سے) ایمان رکھتا ہو اللہ پر اور قیامت کے دن پر اور جو کوئی (سچے

دل سے) ڈرتا رہے گا اللہ سے تو وہ اس کے لئے پیدا فرما دے گا (مشکلات سے) نکلنے کا راستہ

۲. اور وہ اس کو وہاں سے رزق عطا فرمائے گا جہاں سے اس کا گمان بھی نہیں ہو گا اور جو کوئی (صحیح معنوں میں) بھروسہ کرے گا اللہ پر تو وہ اس کو کافی ہے (تمام مہمات کے لئے) بیشک اللہ پورا کر کے رہتا ہے اپنا کام یقیناً اللہ نے مقرر فرما رکھا ہے ہر چیز کا ایک خاص اندازہ

۴. اور جو عورتیں مایوس ہو جائیں حیض (کے آنے) سے تمہاری عورتوں میں سے اگر تمہیں ان کے بارے میں شک پڑ جائے تو (جان لو کہ) ان کی عدت تین مہینے ہے اور جن عورتوں کو ابھی تک حیض آیا ہی نہ ہو (ان کا حکم بھی یہی ہے) اور حمل والی عورتوں کی عدت ان کے بچہ جننے تک ہے اور جو کوئی ڈرتا رہے گا اللہ سے تو اللہ آسانی پیدا فرما دے گا اس کے لئے ہر معاملے میں

۵. یہ اللہ کا حکم ہے جو اس نے اتارا ہے تمہاری طرف (اے لوگو!) اور جو کوئی ڈرتا رہے گا اللہ سے تو اللہ دور فرما دے گا اس سے اس کی برائیوں کو اور (مزید یہ کہ) وہ اس کو عطا فرمائے گا بہت بڑا اجر

٦. تم ان مطلقہ عورتوں کو وہیں رکھو جہاں تم خود رہتے ہو اپنی طاقت کے مطابق اور انہیں تکلیف مت پہنچاؤ کہ اس طرح تم ان پر تنگی کرو اور اگر وہ حمل والی ہوں تو ان پر خرچ کرتے رہو یہاں تک کہ وہ وضع کر لیں اپنے حمل کو پھر اگر وہ تمہارے لئے (بچے کو) دودھ پلائیں تو تم ان کو ان کی (مقرر کردہ) اجرتیں دے دیا کرو اور آپس میں مناسب طور پر مشورہ کر لیا کرو اور اگر تم آپس میں تنگی کرو گے تو اس کے لئے کوئی اور عورت دودھ پلا لے گی

۷.	گنجائش والے کو چاہیے کہ وہ خرچ کرے اپنی گنجائش کے مطابق اور جس پر اس کی روزی تنگ کر دی گئی ہو تو اس کو چاہیے کہ وہ (اپنی حیثیت کے مطابق) اسی میں سے خرچ کرے جو کہ اللہ نے اسے دے رکھا ہے اللہ کسی شخص پر بوجھ نہیں ڈالتا مگر اتنا ہی جتنا کہ اس نے اسے دے رکھا ہوتا ہے بعید نہیں کہ اللہ پیدا فرما دے (اپنی عنایت سے) تنگی کے بعد آسانی

۸.	اور کتنی ہی بستیاں ایسی تھیں جنہوں نے سرکشی (وسرتابی) کی اپنے رب کے حکم اور اس کے رسولوں (کی ہدایات) سے سو آخر کار ہم نے ان کا محاسبہ کیا بڑا ہی سخت محاسبہ اور ہم نے ان کو سزا دی (طرح طرح کے عذابوں) سے بڑی بری سزا

۹.	سو انہوں نے چکھا وبال اپنے کیے کا اور انجام کار ان کا معاملہ بڑے ہی خسارے (اور سخت نقصان) کا تھا

۱۰.	(اور دنیا کے اسی عذاب پر بس نہیں بلکہ) اللہ نے تیار کر رکھا ہے ان کے لئے (آخرت میں) ایک بڑا ہی سخت (اور ہولناک) عذاب پس بچو تم لوگ اللہ (کی نافرمانی اور اس کی ناراضگی) سے اے عقل سلیم رکھنے والو جو ایمان لا چکے ہو بلاشبہ اللہ نے اتار دی تمہاری طرف ایک عظیم الشان نصیحت

۱۱.	یعنی ایک ایسا عظیم الشان رسول جو پڑھ (پڑھ) کر سناتا ہے تم لوگوں کو اللہ کی ایسی آیتیں جو کھول کر بتانے والی ہیں تاکہ وہ نکال باہر کرے ان لوگوں کو جو ایمان لائے اور انہوں نے کام بھی نیک کیے (کفر و شرک اور جہل و ضلال کی طرح طرح کی گھٹا ٹوپ) تاریکیوں سے (حق و ہدایت کے) نور (مبین) کی طرف اور جو کوئی (سچے دل سے) ایمان لائے گا اللہ پر اور (اس کے مطابق) وہ نیک کام بھی کرے گا تو اللہ داخل فرما دے گا اس کو

(اپنے کرم سے) ایسی عظیم الشان جنتوں میں جن کے نیچے سے بہہ رہی ہوں گی طرح طرح کی (عظیم الشان) نہریں جہاں ان کو ہمیشہ ہمیش کے لئے رہنا نصیب ہو گا بیشک اللہ نے اس کو بڑے ہی عمدہ رزق سے نوازا

١٢. اللہ وہ ہے جس نے پیدا فرمایا (اپنی قدرت کاملہ اور حکمت بالغہ سے) سات آسمانوں کو اور زمین سے بھی انہی کے مانند ان سب کے درمیان اترتے رہتے ہیں اس کے احکام (تکوینی و تشریعی اور تمہیں یہ اس لئے بتا دیا گیا ہے کہ) تاکہ تم لوگ یقین جان لو کہ اللہ (پاک) ہر چیز پر پوری قدرت رکھتا ہے اور (تاکہ تم لوگ اس کا بھی یقین کر لو کہ) بلا شبہ اللہ نے ہر چیز کو اپنے احاطہ میں لے رکھا ہے علم کے اعتبار سے

***

# ٦٦۔ التحریم

بِسْمِ اللّٰهِ الرَّحْمٰنِ الرَّحِيْمِ

اللہ کے نام سے جو رحمان ورحیم ہے

۱. اے نبی آپ کیوں حرام کرتے ہیں (اپنے اوپر) ایسی چیز کو جس کو اللہ نے حلال فرمایا ہے آپ کے لئے اپنی بیویوں کی رضا (وخوشنودی) چاہتے ہوئے اور اللہ بہر حال بڑا ہی بخشنے والا انتہائی مہربان ہے

۲. بیشک اللہ نے مقرر فرما دیا (اپنے کرم سے) تمہارے لئے تمہاری قسموں کی پابندی سے نکلنے کا طریقہ اور اللہ ہی کارساز ہے تم سب کا اور وہی ہے سب کچھ جانتا نہایت حکمت والا

۳. اور (وہ وقت بھی یاد کرنے کے لائق ہے کہ) جب پیغمبر نے اپنی ایک بیوی سے ایک بات راز میں کہی پھر جب وہ اس بات کی خبر (دوسری بی بی کو) کر بیٹھیں اور اللہ نے اس کو ظاہر فرما دیا اپنے پیغمبر پر تو پیغمبر نے اس کا کچھ حصہ تو جتلا دیا اور کچھ سے چشم پوشی فرمالی سو جب پیغمبر نے ان کو وہ بات جتلائی تو وہ کہنے لگیں کہ آپ کو اس کی خبر کس نے دی؟ تو آپ ﷺ نے جواب میں فرمایا کہ مجھے اس ذات نے خبر دی ہے جو (سب کچھ) جاننے والی (ہر شئے سے) پوری طرح باخبر ہے

۴. اب اگر تم دونوں نے توبہ کرلی اللہ کی بارگاہ میں تو یقیناً (یہ خود تمہارے ہی لئے بہتر ہوگا کہ) تمہارے دل کچھ مائل ہو گئے ہیں اور اگر تم نے پیغمبر کے خلاف ایک دوسرے کی مدد جاری رکھی تو (اس میں ان کا کوئی نقصان نہیں کیونکہ) ان کا تو یقیناً اللہ بھی مددگار ہے جبرائیل بھی اور نیک بخت ایمان والے بھی اور اس کے بعد فرشتے بھی (آپ کے) حامی ہیں

۵. بعید نہیں کہ اگر پیغمبر تم سب بیویوں کو طلاق دے دے تو ان کا رب تمہارے بدلے میں ان کو تم سے ایسی اچھی بیویاں دے دے جو اسلام والی ایمان والی فرمانبرداری کرنے والی توبہ کرنے والی عبادت گذار اور روزہ دار ہوں خواہ شوہر دیدہ ہوں یا کنواری

٦. اے وہ لوگو! جو ایمان لائے ہو تم بچاؤ اپنے آپ کو بھی اور اپنے گھر والوں کو بھی ایک ایسی ہولناک آگ سے جس کا ایندھن انسان اور پتھر ہوں گے اس پر مقرر ہوں گے ایسے فرشتے جو بڑے تند خو اور نہایت سخت گیر ہوں گے جو کبھی نافرمانی نہیں کرتے اللہ کے کسی حکم کی اور وہ پوری طرح بجالاتے ہیں ان اوامر کو جو (ان کے مالک کی طرف سے) ان کو دیئے جاتے ہیں

۷. (اور اس وقت کافروں سے کہا جائے گا کہ) اے وہ لوگوں (جو زندگی بھر) کفر ہی کی راہ پر چلتے رہے ہو اب عذر (بہانے) مت پیش کرو تمہیں تو تمہارے انہی کاموں کا بدلہ دیا جا رہا ہے جو تم لوگ خود کرتے رہے تھے

۸. اے وہ لوگوں جو ایمان لائے ہو توبہ کرو اللہ کے حضور سچی (اور خالص) توبہ بعید نہیں کہ تمہارا رب دور کر دے تم سے تمہاری برائیاں اور (ان کی میل کچیل) اور وہ داخل فرما دے تم کو ایسی عظیم الشان جنتوں میں جن کے نیچے سے بہہ رہی ہوں گی طرح طرح کی

(عظیم الشان) نہریں (اور یہ سب کچھ اس روز ہو گا) جس دن کہ اللہ رسوا نہیں فرمائے گا اپنے پیغمبر کو اور ان لوگوں کو جو ایمان لائے ہوں گے ان کے ساتھ (اور ان کی شان اس روز یہ ہو گی کہ) ان کا نور دوڑ رہا ہو گا ان کے آگے اور ان کے دائیں اور وہ کہہ رہے ہوں گے اے ہمارے رب پورا (اور مکمل) فرما دے ہمارے لئے ہمارے نور کو اور ہماری بخشش فرما دے (اپنے کرم سے) بیشک تجھے (اے ہمارے مالک!) ہر چیز پر پوری قدرت ہے

۹. اے پیغمبر جہاد کرو کھلے کافروں سے بھی اور منافقوں سے بھی اور سختی سے کام لو ان کے معاملے میں ان سب کا ٹھکانا جہنم ہے اور بڑا ہی برا ٹھکانا ہے وہ

۱۰. اللہ نے مثال بیان فرمائی کافروں (کی عبرت) کے لئے نوح اور لوط کی بیویوں کی یہ دونوں ہمارے دو نیک بندوں کے نکاح میں تھیں مگر انہوں نے ان دونوں سے خیانت (اور بد دیانتی) کا ارتکاب کیا تو وہ دونوں بھی (اتنے بڑے مرتبے پر فائز ہونے کے باوجود) اللہ کے مقابلے میں ان کے کچھ بھی کام نہ آسکے اور (ان دونوں عورتوں سے) کہہ دیا گیا کہ تم دونوں بھی داخل ہو جاؤ دوزخ میں دوسرے داخل ہونے والوں کے ساتھ

۱۱. اور اللہ نے ایمان والوں (کی تسکین و تسلی) کے لئے مثال بیان فرمائی فرعون کی بیوی کی جب کہ انہوں نے (اپنے رب کے حضور) عرض کیا کہ اے میرے رب! بنا دے میرے لئے اپنے پاس ایک گھر جنت میں اور بچا لے مجھے فرعون اور اس کے عمل سے اور بچا لے مجھے (اپنے کرم سے) ان ظالم لوگوں (کے ظلم و ستم) سے

۱۲. نیز (مثال بیان فرمائی ایمان والوں کی تسکین و تسلی کے لئے) عمران کی بیٹی مریم کی جس نے محفوظ رکھا اپنی (عزت و) ناموس کو پھر ہم نے پھونک دیا ان (کے گریبان) میں

اپنی روح میں سے اور اس نے تصدیق کی اپنے رب کی باتوں کی اور اس کی (نازل کردہ) کتابوں کی اور وہ تھی فرمانبردار لوگوں میں سے

***

# ٦٧۔ الملک

بِسۡمِ اللّٰہِ الرَّحۡمٰنِ الرَّحِیۡمِ

اللہ کے نام سے جو رحمان و رحیم ہے

۱. بڑی ہی برکت والی ہے وہ ذات جس کے ہاتھ میں ہے بادشاہی (اس ساری کائنات کی) اور وہ ہر چیز پر پوری پوری قدرت رکھتا ہے

۲. جس نے پیدا فرمایا موت اور حیات کو تاکہ وہ تمہیں آزمائے کہ تم میں سے کس کا کام سب سے اچھا ہے اور وہی ہے سب پر غالب بڑا ہی بخشنے والا (اور نہایت درگزر کرنے والا)

۲. جس نے پیدا فرمایا (اپنی قدرت کاملہ اور حکمت بالغہ سے) سات آسمانوں کو تہ بر تہ تم (خدائے) رحمان کی صنعت میں (کسی طرح کا) کوئی فرق نہ دیکھ سکو گے تم پھر نگاہ ڈال کر دیکھ لو کیا تمہیں (کہیں) کوئی خلل نظر آتا ہے؟

۴. تم پھر بار بار نگاہ ڈال کر دیکھ لو تمہاری نگاہ تھکی ہاری ناکام ہو کر تمہاری طرف واپس لوٹ آئے گی

۵. اور بلاشبہ ہم ہی نے مزین (اور آراستہ و پیراستہ) کیا (اپنی قدرت کاملہ اور حکمت بالغہ سے تمہارے) قریب کے اس آسمان کو (ستاروں کے) عظیم الشان چراغوں سے اور

ہم ہی نے ان کو بنایا شیطانوں کے مار بھگانے کا ذریعہ اور ہم نے تیار کر رکھا ہے ان کے لئے عذاب بھڑکتی آگ کا

۶. اور جن لوگوں نے کفر کیا ہو گا اپنے رب کے ساتھ ان کے لئے عذاب ہے جہنم (کی اس دہکتی آگ) کا اور بڑا ہی برا ٹھکانا ہے وہ

۷. جب وہ اس میں ڈالے جائیں گے تو وہ اس کے سخت شور کی آوازیں سنیں گے

۸. جبکہ وہ جوش مار رہی ہو گی شدت غضب سے وہ پھٹی جا رہی ہو گی جب بھی ڈالا جائے گا اس میں (کفار و منکرین) کا کوئی گروہ تو اس کے کارندے ان لوگوں سے پوچھیں گے کہ کیا تمہارے پاس کوئی خبر دار کرنے والا نہیں آیا تھا؟

۹. وہ جواب میں کہیں گے کہ ہاں خبر دار کرنے والا تو ہمارے پاس ضرور آیا تھا مگر ہم نے اس کو جھٹلا دیا اور کہہ دیا کہ اللہ نے تو کچھ بھی نازل نہیں کیا تم لوگ تو خود ہی ایک بڑی گمراہی میں پڑے ہو

۱۰. اور وہ (بصد حسرت و افسوس) کہیں گے کہ اے کاش اگر ہم سنتے یا سمجھتے تو آج ہم اس بھڑکتی آگ کے سزاواروں میں نہ ہوتے

۱۱. اس طرح وہ اپنے گناہ کا خود اقرار کر لیں گے سو پھٹکار ہے ان دوزخیوں کے لئے

۱۲. (اس کے بر عکس) جو لوگ ڈرتے رہتے ہیں اپنے رب سے بن دیکھے ان کے لئے یقیناً بڑی بخشش بھی ہے اور ایک بہت بڑا اجر بھی

۱۲. اور تم لوگ خواہ چپکے سے بات کرو یا اونچی آواز سے (اللہ کو سب معلوم ہے کیونکہ) وہ تو یقینی طور پر دلوں کے بھیدوں کو بھی پوری طرح جانتا ہے

۱۴.	کیا وہی نہ جانے گا جس نے خود پیدا کیا ہے؟ جب کہ وہ (ذات اقدس) انتہائی باریک بیں بھی ہے اور نہایت باخبر بھی؟

۱۵.	وہ (اللہ) وہی تو ہے جس نے رام کر دیا تمہارے لئے (اپنی قدرت کاملہ اور حکمت بالغہ سے) زمین (کے اس عظیم الشان کرے) کو پس تم لوگ چلو (پھرو) اس کے کندھوں پر اور کھاؤ (پیو) اس (وحدہٗ لاشریک) کے دیئے ہوئے میں سے اور (یاد رکھو کہ آخرکار تم سب کو) بہر حال اسی کے حضور جانا ہے دوبارہ زندہ ہو کر

۱۶.	کیا تم لوگ نڈر (اور بے خوف) ہو گئے ہو اس سے جو کہ آسمان میں (بھی معبود و متصرف) ہے اس بات سے کہ وہ تمہیں دھنسا دے (تمہارے اپنے زیر پا افتادہ) اسی زمین میں پھر یکایک یہ (عظیم الشان کرہ) ہچکولے کھانے لگے؟

۱۷.	کیا تم لوگ نڈر (اور بے خوف) ہو گئے ہو اس سے جو کہ آسمان میں (بھی معبود و متصرف) ہے اس سے کہ وہ بھیج دے تم پر پتھر برسانے والی کوئی ہولناک ہوا، پھر تمہیں خود معلوم ہو جائے کہ کیسا تھا میرا ڈرانا (اور خبردار کرنا)؟

۱۸.	اور بلا شبہ جھٹلایا (حق اور حقیقت کو) ان لوگوں نے بھی جو گزر چکے ہیں ان سے پہلے پھر (دیکھ لو) کیسا تھا میرا عذاب؟

۱۹.	کیا ان لوگوں نے خود اپنے اوپر (اڑتے پھرتے) ان پرندوں کو نہیں دیکھا؟ جو کبھی پر پھیلائے ہوتے ہیں اور کبھی وہ ان کو سکیڑ لیتے ہیں کوئی نہیں جو ان کو روک سکے (اس طرح کھلی فضاء میں) سوائے (خدائے) رحمان کے بلاشبہ وہ ہر چیز کو پوری طرح دیکھ رہا ہے

۲۰.	(ان سے کہو کہ) بھلا کون ہے وہ جو تمہارے لئے لشکر بن کر تمہاری مدد کر سکے (خدائے) رحمان کے مقابلے میں؟ کافر لوگ تو محض دھوکے میں پڑے ہوئے ہیں

۲۱.	بھلا وہ کون ہو سکتا ہے جو تمہیں روزی دے اگر وہ (خدائے رحمٰن) بند کرے اپنی روزی؟ (ایسا کوئی بھی نہیں) مگر یہ لوگ (ہیں کہ اس سب کے باوجود) اڑے ہوئے ہیں سرکشی اور (حق سے) گریز (و فرار) میں

۲۲.	تو کیا وہ شخص زیادہ راست رو ہے جو اوندھا چل رہا ہوا اپنے منہ کے بل یا وہ جو سر اٹھا کر سیدھا چل رہا ہو ایک (کھلی کشادہ) شاہراہ پر؟

۲۲.	(ان سے) کہو کہ وہ (معبود برحق) وہی ہے جس نے پیدا فرمایا تم سب کو (اپنی قدرت کاملہ اور حکمت بالغہ سے) اور اسی نے تمہیں کان بخشے آنکھیں عطا فرمائیں اور دل دیئے (مگر) تم لوگ بہت ہی کم شکرادا کرتے ہو،

۲۴.	(ان سے مزید) کہو کہ وہ (وحدہٗ لاشریک) وہی ہے جس نے پھیلا دیا تم سب کو زمین میں (نہایت پُر حکمت طریقے سے) اور آخر کار اسی کی طرف لوٹنا ہے تم سب کو سمٹ کر

۲۵.	اور کہتے ہیں کہ آخر کب پورا ہو گا تمہارا یہ وعدہ اگر تم سچے ہو؟

۲۶.	کہو کہ اس کا علم تو اللہ ہی کے پاس ہے اور میں تو محض ایک خبردار کرنے والا ہوں (حقیقت امر کو) کھول کر

۲۷.	سو جب یہ اس کو قریب دیکھیں گے تو بگڑ جائیں گے چہرے ان لوگوں کے جو اس کا انکار کرتے رہے تھے اور (اس وقت ان سے) کہا جائے گا کہ یہی ہے وہ چیز جس کا تم لوگ (دنیا میں) بار بار مطالبہ کیا کرتے تھے

۲۸۔    (ان سے) کہو کہ (نادانو!) ذرا یہ تو بتاؤ کہ اگر اللہ ہلاک کر دے مجھے اور ان سب کو بھی جو میرے ساتھ ہیں یا رحم فرما دے ہم سب پر تو (اس سے تمہیں کیا ملے گا؟ تم تو یہ سوچو کہ) کون بچائے گا کافروں کو دردناک عذاب سے؟

۲۹۔    (ان سے) کہو کہ وہ (رب) بڑا ہی مہربان ہے ہم اس پر ایمان لائے (سچے دل سے) اور ہم نے اسی پر بھروسہ کر رکھا ہے (ہر حال میں) پس تم لوگوں کو عنقریب خود ہی معلوم ہو جائے گا کہ کون ہے وہ جو پڑا ہے کھلی گمراہی میں

۳۰۔    (ان سے یہ بھی) کہو کہ اچھا تم یہ تو بتاؤ کہ اگر تمہارا پانی (زمین میں) نیچے کو اتر جائے تو پھر کون ہے جو تمہیں لا دے ستھرے پانی کی بہتی ہوئی سوتیں؟

***

# ٦٨ ۔ القلم

بِسۡمِ اللّٰہِ الرَّحۡمٰنِ الرَّحِیۡمِ

اللہ کے نام سے جو رحمان ور حیم ہے

١۔ ن قسم ہے قلم کی اور اس کی جو اس سے وہ لکھتے ہیں

٢. آپ (اے پیغمبر!) اپنے رب کے فضل سے مجنون نہیں ہیں

٣. اور بلاشبہ آپ کے لئے ایسا عظیم الشان اجر ہے جو کبھی ختم ہونے والا نہیں

٤. اور بلاشبہ آپ اخلاق کے بہت بڑے مرتبے پر ہیں

٥. پس عنقریب آپ بھی خود دیکھ لیں گے اور یہ لوگ بھی خود دیکھ لیں گے

٦. کہ تم میں سے جنوں کس کو ہے

٧. بلاشبہ آپ کا رب خوب جانتا ہے اس کو بھی جو کہ بھٹک گیا اس کی راہ سے اور وہی خوب جانتا ہے ہدایت یافتہ لوگوں کو

٨. پس کبھی کہا نہیں ماننا ان جھٹلانے والوں کا

٩. یہ لوگ تو چاہتے ہیں کہ آپ ڈھیلے ہو جائیں پھر یہ بھی ڈھیلے پڑھ جائیں

١٠. اور نہ ہی کبھی کہا ماننا کسی ایسے (بدبخت) کا جو بہت قسمیں کھانے والا گھٹیا انسان ہو

١١. جو طعنے دینے والا چغل خور ہو

۱۲. جو رو کنے والا ہو خیر سے حد سے بڑھنے والا بڑا بد کار ہو

۱۲. جو جفا کار اور اس سب کے علاوہ وہ بد اصل بھی ہو

۱۴. (اور وہ بھی محض اس لئے) کہ وہ مال اور اولاد والا ہے

۱۵. جب اس کو پڑھ کر سنائی جاتی ہیں ہماری آیتیں تو کہتا ہے کہ یہ تو کہانیاں ہیں اگلے لوگوں کی

۱۶. ہم عنقریب ہی ایک نشان لگا دیں گے اس کی سونڈ پر

۱۷. بلاشبہ ہم نے ان لوگوں کو بھی (اسی طرح) آزمائش میں ڈالا ہے جس طرح کہ ہم نے (ان سے پہلے) باغ والوں کو آزمائش میں ڈالا تھا جب کہ انہوں نے باہم قسمیں کھا کر کہا تھا کہ ہم ضرور بالضرور پھل توڑ کر رہیں گے اپنے باغ کے صبح ہوتے (اور پوہ پھٹتے) ہی

۱۸. اور انہوں نے (اپنے گھمنڈ اور وثوق کے بل بوتے پر) انشاء اللہ بھی نہیں کہا تھا

۱۹. پھر (کیا تھا) رات کو ہی پھیرا لگا لیا تمہارے رب کی طرف سے ایک آفت نے جب کہ یہ لوگ سوئے پڑے تھے

۲۰. جس سے وہ باغ (ختم ہو کر) ایسا ہو گیا جیسے کٹی ہوئی کھیتی

۲۱. ادھر صبح ہونے پر یہ ایک دوسرے کو پکارنے لگے

۲۲. کہ (اٹھو) چلو اپنی کھیتی کی طرف اگر واقعی تم نے (حسب قرارداد) پھل توڑنا ہے

۲۲. سو وہ چل پڑے اور آپس میں چپکے چپکے کہتے جا رہے تھے

۲۴. کہ (خبردار!) آج اس باغ میں تمہارے پاس پہنچنے نہ پائے کوئی مسکین

۲۵. اور (اس کے مطابق) وہ صبح سویرے ہی کچھ نہ دینے کا فیصلہ کئے ہوئے اس طرح چل دیئے جیسا کہ وہ اس پر پوری طرح قادر ہیں

۲۶. مگر جب انہوں نے (وہاں پہنچ کر) اپنے باغ کو دیکھا تو کہنے لگے کہ ہم تو بالکل ہی کہیں راستہ بھول گئے ہیں

۲۷. نہیں بلکہ ہماری تو قسمت ہی پھوٹ گئی ہے

۲۸. اس وقت بولا وہ شخص جوان میں سب سے بہتر (اور صائب رائے والا) تھا کہ کیا میں نے تم سے نہیں کہا تھا کہ تم لوگ کیوں تسبیح نہیں کرتے (اپنی اس بدنیتی کو چھوڑ کر)

۲۹. اس پر وہ سب پکار اٹھے کہ پاک ہے ہمارا رب بلاشبہ ہم ظالم تھے

۲۰. پھر وہ آپس میں ایک دوسرے کی طرف متوجہ ہو کر باہم ملامت کرنے لگے

۲۱. (پھر) سب کہنے لگے ہائے ہماری کم بختی ہم سب ہی (حد سے نکلنے والے اور سرکش تھے

۲۲. (اب سب مل کر توبہ کرو کہ) شاید ہمارا رب ہمیں اس کے بدلے میں اس سے بھی کوئی بہتر باغ دے دے اب ہم پوری طرح اپنے رب کی طرف رجوع کرتے ہیں

۲۲. اسی طرح ہوتا ہے عذاب (خداوندی) اور آخرت کا عذاب تو یقینی طور پر اس سے بھی کہیں بڑھ کر ہے کاش یہ لوگ جان لیتے

۲۴. بلاشبہ پرہیزگار لوگوں کے لئے ان کے رب کے یہاں نعمتوں بھری جنتیں ہیں

۲۵. تو کیا ہم فرمانبرداروں کو مجرموں کی طرح کر دیں گے ؟

۲۶. تمہیں کیا ہو گیا تم لوگ کیسا فیصلہ کرتے ہو؟

۲۷. کیا تمہارے پاس کوئی ایسی کتاب ہے جس میں تم یہ پڑھتے ہو

۳۸. کہ تمہیں آخرت میں وہی کچھ ملے گا جو تم خود پسند کرتے ہو؟

۳۹. یا تمہارے لئے ہمارے ذمے کوئی ایسی قسمیں ہیں قیامت تک پہنچنے والی (اس مضمون کی) کہ بلاشبہ کہ تمہیں ضرور وہی کچھ ملے گا جس کا فیصلہ تم کرتے ہو؟

۴۰. ذرا ان سے یہ تو پوچھو کہ ان میں سے کون ذمہ دار ہے اس کا؟

۴۱. یا پھر ان کے ٹھہرائے ہوئے کچھ شریک ایسے ہیں (جنہوں نے یہ ذمہ داری اٹھائی ہو) سو ایسا ہے تو پھر یہ لے آئیں اپنے ان (خود ساختہ) شریکوں کو اگر یہ لوگ سچے ہیں

۴۲. (اور یاد رکھنے کے لائق ہے وہ دن کہ) جس دن تجلی فرمائی جائے گی ساق کی اور بلایا جائے گا ان لوگوں کو سجدے کی طرف تو (اس روز) یہ لوگ سجدہ نہیں کر سکیں گے

۴۲. (اور اس روز ان کا حال یہ ہو گا کہ) جھکی ہوئی ہوں گی ان کی نگاہیں اور چھا رہی ہو گی ان پر ذلت (و رسوائی) اور (یہ اس لئے کہ دنیا میں) ان کو سجدے کے لئے بلایا جاتا تھا (مگر یہ انکار کرتے تھے) جب کہ یہ صحیح و سالم ہوتے تھے

۴۴. پس چھوڑ دو تم مجھے اور ان لوگوں کو جو جھٹلاتے ہیں اس کلام (برحق) کو ہم ان کو آہستہ آہستہ (اور کشاں کشاں) لئے جا رہے ہیں (ان کی ہلاکت اور آخری انجام کی طرف) اس طرح کہ ان کو خبر بھی نہیں

۴۵. اور میں ان کو ڈھیل دیئے جا رہا ہوں بلاشبہ میری چال بڑی ہی سخت ہے

۴۶. تو کیا آپ ان سے کوئی اجر مانگ رہے ہیں کہ یہ لوگ اس چٹی کے بوجھ تلے دبے چلے جا رہے ہیں؟

۴۷. کیا ان کے پاس غیب کا علم ہے جسے یہ خود لکھ لیتے ہیں؟

۴۸۔ پس آپ صبر (و برداشت) ہی سے کام لیتے رہیں اپنے رب کے حکم (و فیصلہ) تک اور نہیں ہو جانا مچھلی والے کی طرح (جس کا وہ وقت یاد کرنے کے لائق ہے) کہ جب اس نے پکارا (اپنے رب کو) اس حال میں کہ وہ غم سے بھرا ہوا تھا

۴۹۔ (اور) اگر دستگیری نہ کی ہوتی اس کی اس کے رب کی (عنایت و) مہربانی نے تو یقیناً اس کو پھینک دیا جاتا چٹیل میدان میں بڑی بد حالی کے ساتھ

۵۰۔ مگر اس کو چن لیا اس کے رب نے (مزید عنایات کے ساتھ) اور شامل فرما دیا اس کو (اپنے قرب خاص کے) سزاواروں میں

۵۱۔ اور کافر لوگ جب اس ذکر (قرآن) کو سنتے ہیں تو ایسے لگتا ہے جیسا کہ اکھاڑ دیں گے یہ لوگ آپ کے قدم اپنی (ٹیڑھی ترچھی) نگاہوں سے اور کہتے ہیں کہ یہ شخص تو پکا دیوانہ ہے

۵۲۔ حالانکہ یہ (قرآن) تو محض ایک عظیم الشان نصیحت ہے سب جہان والوں کے لئے

***

# ٦٩۔ الحاقۃ

بِسۡمِ اللّٰهِ الرَّحۡمٰنِ الرَّحِيۡمِ

اللہ کے نام سے جو رحمان ور حیم ہے

۱. وہ ہو کر رہنے والی

۲. کیا ہے وہ ہو کر رہنے والی

۲. اور تم کیا جانو کہ کیا ہے وہ ہو کر رہنے والی

۴. جھٹلایا ثمود اور عاد نے دہلا دینے والے اس حادثہ کبریٰ کو

۵. پھر ثمود کو تو ہلاک کر دیا گیا حد سے بڑھ جانے والی اس ہولناک آفت سے

۶. اور جو عاد تھے تو ان کو ہلاک کیا گیا ایک ایسی تند و تیز اور سرکش (و بے قابو) ہوا سے

۷. جس کو اللہ نے مسلط رکھا ان پر سات راتیں اور آٹھ دن لگاتار جس کے نتیجے میں اس قوم (کا حال یہ ہو گیا تھا کہ اگر تم وہاں ہوتے تو ان لوگوں) کو تم اس طرح گرا ہوا دیکھتے کہ گویا کہ وہ کھوکھلے (اور بوسیدہ) تنے ہیں گری ہوئی کھجوروں کے

۸. تو کیا (اب) تمہیں ان سے میں سے کوئی بھی بچا ہوا نظر آتا ہے ؟

۹. اور فرعون اور اس سے پہلے کے لوگوں نے اور ان الٹی ہوئی بستیوں (کے باشندوں) نے بھی ارتکاب کیا اسی بڑی (اور ہولناک) خطا کا

۱۰.      ان سب نے نافرمانی کی اپنے رب کے رسول کی سو اس نے پکڑا ان سب کو ایک بڑی ہی سخت (اور ہولناک) پکڑ میں

۱۱.      بلاشبہ ہم ہی نے سوار کیا تھا تم کو (اپنی رحمت و عنایت سے نوح کی) اس کشتی میں جبکہ (طوفان کا) پانی کراس کر گیا تھا سب حدوں کو

۱۲.      تاکہ ہم اس (واقعہ) کو تمہارے لئے (عبرت پذیری کی) ایک عظیم الشان یادگار بنا دیں اور تاکہ یاد رکھیں اس کو یاد رکھنے والے کان

۱۲.      پھر جب (اپنے مقرر وقت پر) پھونک ماردی جائے گی صور میں ایک ہی بار

۱۴.      اور زمین اور پہاڑوں کو اٹھا کر کوٹ دیا جائے گا سو یہ سب ریزہ ریزہ ہو جائیں گے ایک ہی چوٹ سے

۱۵.      تو اس دن ہو کر رہے گی وہ ہو پڑنے والی

۱٦.      اور پھٹ پڑے گا آسمان سو وہ اس روز (اپنی بندشیں ڈھیلی پڑ جانے سے) بالکل بودا ہو جائے گا

۱۷.      فرشتے اس کے کناروں پر ہوں گے اور اٹھائے ہوں گے تمہارے رب کے عرش کو اپنے اوپر اس روز آٹھ فرشتے

۱۸.      اس روز تمہیں پیش کیا جائے گا (اپنے رب کے حضور) اس حال میں کہ چھپی نہ رہے گی تمہاری کوئی بات (اس سے)

۱۹.      پھر جس (خوش نصیب) کو دیا گیا ہوگا اس کا نامہ اعمال اس کے داہنے ہاتھ میں تو وہ (مارے خوشی کے دوسروں سے) کہہ رہا ہوگا کہ لو جی ذرا میرا نامہ اعمال پڑھئے گا

۲۰.      مجھے تو یہ یقین تھا کہ مجھے بہرحال سابقہ پڑنا ہے اپنے حساب سے

۲۱.	پس وہ تو ایک بڑی ہی (عمدہ و پاکیزہ اور) پسندیدہ گزران میں ہو گا

۲۲.	یعنی ایک ایسی عالی شان جنت میں

۲۳.	جس کے خوشے جھکے پڑ رہے ہوں گے

۲۴.	(کہا جائے گا کہ) مزے سے کھاؤ اور پیو تم لوگ اپنے ان اعمال کے بدلے میں جو تم لوگوں نے گزرے ہوئے دنوں میں (دنیا میں) کئے تھے

۲۵.	اور (اس کے برعکس) جس کو اس کا نامہ اعمال اس کے بائیں ہاتھ میں دیا گیا ہو گا تو وہ (مارے حسرت و افسوس کے) کہے گا کہ اے کاش مجھے نہ دیا گیا ہوتا میرا نامہ اعمال

۲۶.	اور مجھے اس کی خبر ہی نہ ہوتی کہ میرا حساب کیا ہے

۲۷.	اے کاش وہی (دنیا والی) موت ہی خاتمہ کر دینے والی ہوتی

۲۸.	کچھ کام نہ آسکا مجھے میرا مال

۲۹.	ہلاک (اور رخصت) ہو گیا مجھ سے میرا (جاہ و) اقتدار

۳۰.	(حکم ہو گا کہ) پکڑو اس کو اور پہنا دو اس کو طوق

۳۱.	پھر جھونک دو اس کو (دوزخ کی) دہکتی آگ میں

۳۲.	پھر جکڑ دو اس کو ایک ایسی ہولناک زنجیر میں جس کی لمبائی ستر ہاتھ ہے

۳۳.	کہ یہ ایمان نہیں رکھتا تھا اس اللہ پر جو کہ بڑی ہی عظمتوں والا ہے

۳۴.	اور یہ مسکین کو کھانا کھلانے کی ترغیب بھی نہیں دیتا تھا

۳۵.	پس اب نہ تو یہاں اس کا کوئی دوست ہے

۳۶.	اور نہ ہی اس کے لئے کھانے کی کوئی چیز ہو گی بجز (دوزخیوں کے) زخموں کی اس دھووَن کے

۳۷. جس کو کوئی نہ کھائے گا بجز ایسے ہی بڑے (بد بخت) گنہگاروں کے

۳۸. پس نہیں میں قسم کھاتا ہوں ان چیزوں کی جن کو تم لوگ دیکھ رہے ہو

۳۹. اور ان کی بھی جن کو تم نہیں دیکھتے

۴۰. بلاشبہ یہ (قرآن) قطعی طور پر ایک بڑے ہی معزز پیغمبر کا پیش کیا ہوا کلام ہے

۴۱. اور یہ کسی شاعر کا کلام نہیں کم ہی ایمان لاتے ہو تم لوگ

۴۲. اور نہ ہی یہ کسی کاہن کا قول ہے کم ہی غور کرتے ہو تم لوگ

۴۲. یہ تو سراسر (اور پورے کا پورا) اتارا ہوا ہے پروردگار عالم کی طرف سے

۴۴. اور اگر یہ (پیغمبر) ازخود کوئی بات بنا کر ہمارے ذمے لگا دیتے

۴۵. تو ہم یقیناً پکڑ لیتے ان کو داہنے ہاتھ سے

۴۶. پھر سختی کے ساتھ کاٹ ڈالتے ہم ان کی رگ جان کو

۴۷. اس صورت میں تم میں سے کوئی بھی (ہمیں) اس سے روکنے والا نہ ہوتا

۴۸. اور بلا شبہ یہ (قرآن) قطعی طور پر ایک عظیم الشان نصیحت (اور یاد دہانی) ہے پرہیزگاروں کے لئے

۴۹. اور ہمیں اچھی طرح معلوم ہے کہ تم میں سے کچھ لوگ جھٹلانے والے بھی ہیں

۵۰. اور بلاشبہ یہ (کلام حق) قطعی طور پر حسرت (و یاس) ہے کافروں کے لئے

۵۱. اور بلاشبہ یہ قطعی طور پر یقینی حق ہے

۵۲. پس آپ تسبیح کرتے رہیں اپنے رب کے نام کی جو بڑا ہی عظمت والا ہے

***

# ۷۰۔ المعارج

بِسۡمِ اللّٰہِ الرَّحۡمٰنِ الرَّحِیۡمِ

اللہ کے نام سے جو رحمان و رحیم ہے

۱. مانگا ایک مانگنے والے نے وہ ہولناک عذاب جس نے (اپنے وقت پر) بہر حال واقع ہو کر رہنا ہے

۲. کافروں پر جس کو کوئی ٹالنے والا نہیں

۲. (بے پایا عظمتوں والے) اس اللہ کی طرف سے جو مالک ہے عروج کے زینوں کا

۴. اسی کی طرف چڑھ کر جاتے ہیں فرشتے بھی اور روح بھی (وہ عذاب) ایک ایسے دن میں ہو گا جس کی مقدار پچاس ہزار برس ہے

۵. پس آپ صبر جمیل ہی سے کام لیتے رہیں (اے پیغمبر!)

۶. یہ لوگ تو اسے بڑا دور سمجھتے ہیں

۷. مگر ہم اسے بہت ہی قریب دیکھ رہے ہیں

۸. جس دن کہ ہو جائے گا یہ (نیلگوں) آسمان پگھلی ہوئی چاندی کی طرح

۹. اور یہ پہاڑ (دھنکی ہوئی) رنگ برنگی اون کی مانند (اڑتے پھر رہے) ہوں گے

۱۰. اور (اس دن) کوئی گہرا دوست بھی کسی دوست کو نہیں پوچھے گا

۱۱.	حالانکہ وہ ایک دوسرے کو دکھائے بھی جائیں گے مجرم چاہے گا کہ کاش کہ وہ اس دن کے عذاب سے بچنے کے لئے اپنے بدلے میں اپنے سب بیٹوں کو بھی دے دے

۱۲.	اپنی بیوی اور اپنے بھائی کو بھی

۱۲.	اور اپنے اس پورے کنبے کو بھی جو کہ اس کو پناہ دیا کرتا تھا

۱۴.	اور ان سب لوگوں کو بھی جو کہ روئے زمین میں موجود ہیں پھر یہ (بدلہ دینا) اس کو بچا لے

۱۵.	ہرگز نہیں وہ تو شعلہ مارتی ہوئی ایک (ہولناک) آگ ہوگی

۱۶.	ادھیڑ کر رکھ دینے والی کھال کو

۱۷.	تو (پکار پکار کر اپنی طرف) بلا رہی ہوگی ہر اس شخص کو جس نے منہ موڑا ہوگا (حق سے) اور پیٹھ پھیری ہوگی

۱۸.	اور جمع کیا ہوگا (دنیاوی مال و دولت کو) اور سینت سینت کر رکھا ہوگا (اس کو)

۱۹.	واقعی انسان بڑا تھڑدلا (اور کم حوصلہ) ہے

۲۰.	جب اس کو تکلیف پہنچتی ہے تو یہ گھبرا اٹھتا ہے

۲۱.	اور جب اسے خوشحالی نصیب ہوتی ہے تو یہ بخل کرنے لگتا ہے

۲۲.	سوائے ان نمازیوں کے

۲۲.	جو اپنے نماز کی (حفاظت اور اس کی) پابندی کرتے ہیں

۲۴.	جن کے مالوں کے اندر حق ہوتا ہے مقرر (اور طے شدہ)

۲۵.	ان کے لئے بھی جو سوال کرتے ہیں اور ان کے لئے بھی جو سوال نہیں کرتے ہیں

۲۶.	جو سچے دل سے مانتے ہیں بدلے (اور جزا) کے دن کو)

۲۷. اور وہ ڈرتے رہتے ہیں اپنے رب (کی پکڑ اور اس) کے عذاب سے

۲۸. (اور) بلاشبہ ان کے رب کا عذاب نڈر (اور بے خوف) ہونے کی چیز ہے ہی نہیں

۲۹. اور جو حفاظت کرتے ہیں اپنی شرمگاہوں کی

۲۰. مگر اپنی بیویوں یا ان باندیوں سے جن کے وہ مالک ہوتے ہیں کہ ان میں ان پر کوئی ملامت نہیں

۲۱. پس جس نے ڈھونڈی کوئی راہ اس کے سوا (اپنی شہوت رانی کے لئے) تو ایسے ہی لوگ ہیں حد سے نکلنے والے

۲۲. اور جو پاس (و لحاظ) رکھتے ہیں اپنی امانتوں اور اپنے عہدوں کا

۲۲. اور جو قائم رہتے ہیں اپنی گواہیوں کی ادائیگی میں (صداقت و راست بازی پر)

۲۴. اور جو حفاظت کرتے ہیں اپنی نمازوں (کی ادائیگی اور پابندی) کی

۲۵. سو ایسے ہی لوگ ہیں جو نہایت عزت (و آرام) سے رہیں گے عظیم الشان جنتوں میں

۲۶. پھر کیا ہو گیا ان کافروں کو جو دوڑے چلے آتے ہیں آپ کی طرف (اے پیغمبر!)

۲۷. دائیں سے بھی اور بائیں سے بھی گروہ در گروہ ہو کر

۲۸. کیا ان میں سے ہر کوئی یہ چاہتا ہے کہ اسے یونہی داخل کر دیا جائے گا نعمتوں بھری جنت میں

۲۹. (نہیں اور) ہرگز نہیں بلاشبہ ہم نے پیدا کیا ان کو اس چیز سے جس کو یہ خود بھی جانتے ہیں

۴۰. پس نہیں میں قسم کھاتا ہوں مشرقوں اور مغربوں کے رب کی کہ بلاشبہ ہم پوری طرح قادر ہیں

۴۱. اس بات پر کہ ہم ان کی جگہ ان سے بہتر لوگ لے آئیں اور ہم سے کوئی بازی نہیں لے جا سکتا

۴۲. پس چھوڑ دو ان کو کہ یہ یونہی پڑے رہیں اپنی بے ہودہ باتوں اور اپنے (لایعنی) کھیل تماشوں میں یہاں تک یہ پہنچ جائیں اپنے اس دن کو جس کا وعدہ ان سے کیا جا رہا ہے

۴۳. جس دن کہ یہ لوگ اپنی قبروں سے نکل نکل کر ایسے دوڑے جا رہے ہوں گے جیسے کہ وہ اپنے بتوں کے استھانوں کی طرف (لپک لپک کر) دوڑے جا رہے ہوں

۴۴. (اس روز) ان کا حال یہ ہو گا کہ (مارے شرم کے) جھکی ہوئی ہوں گی ان کی نگاہیں اور چھا رہی ہو گی ان (کے چہروں) پر ایک ہولناک (سیاہی اور) ذلت یہ ہے وہ دن جس کا ان سے وعدہ کیا جاتا تھا

***

# ۷۱۔ نوح

بِسۡمِ اللّٰهِ الرَّحۡمٰنِ الرَّحِیۡمِ

اللہ کے نام سے جو رحمان و رحیم ہے

۱. مانگا ایک مانگنے والے نے وہ ہولناک عذاب جس نے (اپنے وقت پر) بہر حال واقع ہو کر رہنا ہے

۲. کافروں پر، جس کو کوئی ٹالنے والا نہیں

۳. (بے پایاں عظمتوں والے) اس اللہ کی طرف سے جو مالک ہے عروج کے زینوں کا

۴. اسی کی طرف چڑھ کر جاتے ہیں فرشتے بھی اور روح بھی (وہ عذاب) ایک ایسے دن میں ہو گا، جس کی مقدار پچاس ہزار برس ہے

۵. پس آپ صبر جمیل ہی سے کام لیتے رہیں (اے پیغمبر!)

۶. یہ لوگ تو اسے بڑا دور سمجھتے ہیں

۷. مگر ہم اسے بہت ہی قریب دیکھ رہے ہیں

۸. جس دن کہ ہو جائے گا یہ (نیلگوں) آسمان پگھلی ہوئی چاندی کی طرح

۹. اور یہ پہاڑ (دھنکی ہوئی) رنگ برنگی اون کی مانند (اڑتے پھر رہے) ہوں گے

۱۰. اور (اس دن) کوئی گہرا دوست بھی کسی دوست کو نہیں پوچھے گا

۱۱.	حالانکہ وہ ایک دوسرے کو دکھائے بھی جائیں گے مجرم چاہے گا کہ کاش کہ وہ اس دن کے عذاب سے بچنے کے لئے اپنے بدلے میں اپنے سب بیٹوں کو بھی دے دے

۱۲.	اپنی بیوی اور اپنے بھائی کو بھی

۱۳.	اور اپنے اس پورے کنبے کو بھی جو کہ اس کو پناہ دیا کرتا تھا

۱۴.	اور ان سب لوگوں کو بھی جو کہ روئے زمین میں موجود ہیں پھر یہ (بدلہ دینا) اس کو بچا لے

۱۵.	ہرگز نہیں وہ تو شعلہ مارتی ہوئی ایک (ہولناک) آگ ہوگی

۱۶.	ادھیڑ کر رکھ دینے والی کھال کو

۱۷.	تو (پکار پکار کر اپنی طرف) بلا رہی ہوگی ہر اس شخص کو جس نے منہ موڑا ہوگا (حق سے) اور پیٹھ پھیری ہوگی

۱۸.	اور جمع کیا ہوگا (دنیاوی مال و دولت کو) اور سینت سینت کر رکھا ہوگا (اس کو)

۱۹.	واقعی انسان بڑا تھڑدلا (اور کم حوصلہ) ہے

۲۰.	جب اس کو تکلیف پہنچتی ہے تو یہ گھبرا اٹھتا ہے

۲۱.	اور جب اسے خوشحالی نصیب ہوتی ہے تو یہ بخل کرنے لگتا ہے

۲۲.	سوائے ان نمازیوں کے

۲۳.	جو اپنے نماز کی (حفاظت اور اس کی) پابندی کرتے ہیں

۲۴.	جن کے مالوں کے اندر حق ہوتا ہے مقرر (اور طے شدہ)

۲۵.	ان کے لئے بھی جو سوال کرتے ہیں اور ان کے لئے بھی جو سوال نہیں کرتے ہیں

۲۶.	جو سچے دل سے مانتے ہیں بدلے (اور جزا) کے دن کو)

۲۷۔ اور وہ ڈرتے رہتے ہیں اپنے رب (کی پکڑ) اور اس کے عذاب سے

۲۸۔ (اور) بلاشبہ ان کے رب کا عذاب نڈر (اور بے خوف) ہونے کی چیز ہے ہی نہیں

۲۹۔ اور جو حفاظت کرتے ہیں اپنی شرم گاہوں کی

۳۰۔ مگر اپنی بیویوں یا ان باندیوں سے جن کے وہ مالک ہوتے ہیں کہ ان میں ان پر کوئی ملامت نہیں

۳۱۔ پس جس نے ڈھونڈی کوئی راہ اس کے سوا (اپنی شہوت رانی کے لئے) تو ایسے ہی لوگ ہیں حد سے نکلنے والے

۳۲۔ اور جو پاس (و لحاظ) رکھتے ہیں اپنی امانتوں اور اپنے عہدوں کا

۳۳۔ اور جو قائم رہتے ہیں اپنی گواہیوں کی ادائیگی میں (صداقت و راست بازی پر)

۳۴۔ اور جو حفاظت کرتے ہیں اپنی نمازوں (کی ادائیگی اور پابندی) کی

۳۵۔ سوا ایسے ہی لوگ ہیں جو نہایت عزت (و آرام) سے رہیں گے عظیم الشان جنتوں میں

۳۶۔ پھر کیا ہو گیا ان کافروں کو جو دوڑے چلے آتے ہیں آپ کی طرف (اے پیغمبر!)

۳۷۔ دائیں سے بھی اور بائیں سے بھی گروہ در گروہ ہو کر

۳۸۔ کیا ان میں سے ہر کوئی یہ چاہتا ہے کہ اسے یونہی داخل کر دیا جائے گا نعمتوں بھری جنت میں

۳۹۔ (نہیں اور) ہرگز نہیں بلاشبہ ہم نے پیدا کیا ان کو اس چیز سے جس کو یہ خود بھی جانتے ہیں

۴۰. پس نہیں میں قسم کھاتا ہوں مشرقوں اور مغربوں کے رب کی کہ بلاشبہ ہم پوری طرح قادر ہیں

۴۱. اس بات پر کہ ہم ان کی جگہ ان سے بہتر لوگ لے آئیں اور ہم سے کوئی بازی نہیں لے جا سکتا

۴۲. پس چھوڑ دو ان کو کہ یہ یونہی پڑے رہیں اپنی بے ہودہ باتوں اور اپنے (لا یعنی) کھیل تماشوں میں یہاں تک یہ پہنچ جائیں اپنے اس دن کو جس کا وعدہ ان سے کیا جا رہا ہے

۴۲. جس دن کہ یہ لوگ اپنی قبروں سے نکل نکل کر ایسے دوڑے جا رہے ہوں گے جیسے کہ وہ اپنے بتوں کے استھانوں کی طرف (لپک لپک کر) دوڑے جا رہے ہوں

۴۴. (اس روز) ان کا حال یہ ہوگا کہ (مارے شرم کے) جھکی ہوئی ہوں گی ان کی نگاہیں اور چھا رہی ہوگی ان (کے چہروں) پر ایک ہولناک (سیاہی اور) ذلت یہ ہے وہ دن جس کا ان سے وعدہ کیا جاتا تھا

***

# ۷۲۔ الجن

بِسۡمِ اللّٰهِ الرَّحۡمٰنِ الرَّحِيۡمِ

اللہ کے نام سے جو رحمان ورحیم ہے

۱. کہو (اے پیغمبر!) کہ وحی کی گئی ہے میری طرف اس بات کی کہ جنوں کے ایک گروہ نے (مجھے قرآن پڑھتے ہوئے) غور سے سنا پھر انہوں نے (جا کر اپنی قوم سے) کہا کہ ہم نے ایک بڑا ہی عجیب قرآن سنا ہے

۲. جو راہنمائی کرتا ہے سیدھی (اور صحیح) راہ کی سو ہم (صدق دل سے) اس پر ایمان لے آئے اور اب ہم کسی کو بھی اپنے رب کے ساتھ شریک نہیں ٹھہرائیں گے

۳. اور یہ کہ بڑی بلند ہے شان ہمارے رب کی (سبحانہ و تعالیٰ) اس نے نہ تو کسی کو بیوی بنایا ہے اور نہ ہی کسی کو اولاد ٹھہرایا ہے

۴. اور یہ کہ ہم میں سے جو احمق ہیں وہ اللہ کے بارے میں حد سے بڑھی ہوئی بات کہتے تھے

۵. اور یہ کہ (اس سے پہلے) ہم نے یہ سمجھ رکھا تھا کہ انسان اور جن کبھی اللہ کے بارے میں کوئی جھوٹی بات نہیں کہہ سکتے

۶. اور یہ کہ انسانوں میں سے کچھ لوگ جنوں میں سے کچھ لوگوں کی پناہ مانگا کرتے تھے جس سے ان کی سرکشی (اور بد دماغی) اور زیادہ بڑھ گئی تھی

۷. اور یہ کہ انہوں نے بھی یہی سمجھ رکھا تھا جیسا کہ تم نے سمجھ رکھا ہے کہ اللہ کبھی کسی کو بھی نہیں اٹھائے گا (رسول بنا کر)

۸. اور یہ کہ ہم نے ٹٹولا آسمان کو تو اس کو بھرا ہوا پایا سخت پہرہ داروں اور شہابوں (کی بارش) سے

۹. اور یہ کہ (اس سے پہلے) ہم آسمان کے بعض ٹھکانوں میں بیٹھ جایا کرتے تھے (وہاں کی خبروں کے بارے میں) کچھ سن گن لینے کے لئے مگر اب (یہ حال ہے کہ) جو بھی کوئی سننے کے لئے کان دھرتا ہے تو وہ پاتا ہے اپنے لئے ایک شعلہ گھات میں لگا ہوا

۱۰. اور یہ کہ ہم نہیں جانتے کہ زمین والوں کے ساتھ کسی برائی کا ارادہ کیا گیا ہے یا ان کے رب نے ان کے ساتھ کسی بھلائی کا ارادہ فرمایا ہے

۱۱. اور یہ کہ ہم سے کچھ لوگ نیک تھے اور کچھ اور طرح کے (غرض) ہم مختلف طریقوں میں بٹے ہوئے تھے

۱۲. اور یہ کہ اب ہم نے یقین کر لیا ہے کہ ہم کسی بھی طرح عاجز نہیں کر سکتے اللہ کو نہ زمین میں (کہیں چھپ کر) اور نہ ہی (اور کہیں) بھاگ کر

۱۲. اور یہ کہ جب ہم نے سنا اس (کلام) ہدایت کو تو ہم (بلا چون وچرا فوراً اور سچے دل سے) اس پر ایمان لے آئے پس جو کوئی (صدق دل سے) ایمان لائے گا اپنے رب پر تو نہ تو اس کو کوئی (اندیشہ و) خوف ہو گا کسی حق تلفی کا اور نہ کسی طرح کی زیادتی کا

۱۴. اور یہ کہ ہم میں سے کچھ فرمانبردار ہیں اور کچھ (حسب سابق منحرف اور) بے راہ بھی پس جو کوئی فرمانبردار ہو گیا اپنے رب کا تو ایسے لوگوں نے ڈھونڈ لیا راستہ ہدایت (و نجات) کا

۱۵.	اور جو ظالم (و نافرمان) ہیں تو وہ جہنم کا ایندھن ہوں گے

۱۶.	اور یہ (کہو کہ میری طرف یہ وحی بھی کی گئی ہے) کہ اگر یہ لوگ سیدھے راستے پر قائم رہتے تو ہم ان کو ضرور سیراب کرتے بافراغت پانی سے

۱۷.	تاکہ اس (ارزانی و فراوانی) میں ہم ان کی آزمائش کریں اور جو کوئی منہ موڑے گا اپنے رب کے ذکر (اور اس کی یاد دلشاد) سے تو وہ ڈال دے گا اس کو ایک (بڑھتے) چڑھتے ہولناک عذاب میں

۱۸.	اور یہ کہ مسجدیں اللہ ہی کے لئے ہیں پس تم لوگ مت پکارو اللہ (وحدہٗ لاشریک) کے ساتھ کسی کو بھی

۱۹.	اور یہ کہ جب کھڑا ہوتا ہے اللہ کا بندہ خاص اسی (وحدہٗ لاشریک) کو پکارنے کے لئے تو یہ لوگ تیار ہو جاتے ہیں اس پر ٹوٹ پڑنے کو

۲۰.	کہو (ان سے اے پیغمبر!) کہ میں تو بہر حال اپنے رب ہی کو پکارتا رہوں گا اور اس کے ساتھ کسی کو بھی (کسی بھی درجے میں) شریک نہیں ٹھہراؤں گا

۲۱.	(نیز ان سے یہ بھی) کہہ دو کہ میں نہ تو تمہارے لئے کسی نقصان کا اختیار رکھتا ہوں اور نہ کسی بھلائی کا

۲۲.	کہو (میرا تو خود یہ حال ہے) کہ نہ تو مجھے کوئی اللہ سے بچا سکتا ہے اور نہ ہی میں اس کے سوا کوئی پناہ گاہ پا سکتا ہوں

۲۲.	میرا کام تو بس اتنا (اور صرف اتنا) ہے کہ میں پہنچا دوں (بغیر کسی کمی و بیشی کے) اللہ کی بات اور اس کے پیغاموں کو اور جو کوئی نافرمانی کرے گا اللہ کی تو (وہ یقیناً اپنا ہی

نقصان کرے گا کہ) بیشک اس کے لئے جہنم کی (دہکتی) آگ ہے جس میں ایسے لوگوں کو ہمیشہ ہمیش رہنا ہوگا

۲۴. (یہ لوگ اپنی اس ہٹ دھرمی ہی پر اڑے رہیں گے) یہاں تک کہ جب یہ خود دیکھ لیں گے اس چیز کو جس کا ان سے وعدہ کیا جا رہا ہے تو انہیں خود معلوم ہو جائے گا کہ کس کے مددگار کمزور ہیں

۲۵. اور کس (کے جتھے) کی تعداد کم ہے (ان سے صاف صاف) کہہ دو کہ میں نہیں جانتا کہ قریب ہے وہ چیز جس کا تم سے وعدہ کیا جا رہا ہے یا اس کے لئے مقرر فرما رکھی ہے میرے رب نے کوئی لمبی مدت

۲۶. وہی ہے جاننے والا غیب کا پس وہ مطلع نہیں کرتا اپنے غیب پر کسی کو بجز اپنے

۲۷. کسی ایسے رسول کے جس کو اس نے پسند فرما لیا ہو (غیب کی کوئی خبر دینے کے لئے) تو بیشک وہ (اس کو اس اہتمام کے ساتھ اس سے نوازتا ہے کہ) خاص پہرے دار مقرر فرما دیتا ہے اس کے آگے بھی اور اس کے پیچھے بھی

۲۸. تاکہ وہ جان لے وہ کہ ان فرشتوں نے (پوری حفاظت سے اور بتمام وکمال) پہنچا دیئے پیغامات اپنے رب کے اور اس نے محفوظ کر رکھا ہے ہر چیز کو گن کر

***

# ۷۳۔ المزمل

بِسۡمِ اللّٰهِ الرَّحۡمٰنِ الرَّحِیۡمِ

اللہ کے نام سے جو رحمان ورحیم ہے

۱. اے کپڑوں میں لپٹنے والے

۲. قیام کرو رات کو مگر (اس کا) تھوڑا سا حصہ

۲. آدھی رات یا اس سے بھی کچھ کم کرو

۴. یا اس پر کچھ بڑھا دو اور قرآن کو (بہر حال) خوب ٹھہر ٹھہر کر پڑھا کرو

۵. یقیناً ہم آپ پر ایک بڑی بھاری بات (کا بوجھ) ڈالنے والے ہیں

۶. بلا شبہ رات کا اٹھنا (نفس پر قابو پانے کے لئے) بڑا ہی کارگر اور بات کی درستی کے لئے انتہائی موزوں ہے

۷. بلاشبہ دن (کے اوقات) میں آپ کے لئے بہت کام ہوتا ہے

۸. اور یاد کرتے رہو نام اپنے رب کا اور اسی کے ہو کر رہو سب سے کٹ کر (اور منہ موڑ کر)

۹. وہی مالک ہے مشرق و مغرب کا کوئی معبود نہیں سوائے اس (وحدہٗ لاشریک) کے پس تم اسی کو بنائے رکھو اپنا وکیل (اور کارساز)

۱۰. اور صبر (وضبط) ہی سے کام لیتے رہو ان (بدبختوں) کی ان باتوں پر جو یہ (حق اور اہل حق کے خلاف) بناتے ہیں اور چھوڑ دو ان کو اچھی طرح کا چھوڑنا

۱۱. اور چھوڑ دو مجھے اور جھٹلانے والے ان ناز پروردہ (عیش پرست) لوگوں کو اور مہلت دے دو ان کو تھوڑی سی

۱۲. اور بلاشبہ ہمارے پاس (ایسے بدبختوں کے لئے) بڑی بھاری بیڑیاں بھی ہیں اور بھڑکتی آگ بھی

۱۲. اور گلے میں اٹکتا کھانا اور ایک بڑا دردناک عذاب بھی

۱۴. جس روز کہ لرز اٹھے گی یہ زمین اور (کانپ اٹھیں گے یہ دیو ہیکل) پہاڑ اور (بالآخر) ہو جائیں گے یہ پہاڑ ڈھیر ریگ رواں کے

۱۵. بلاشبہ ہم نے بھیج دیا تمہاری طرف (اے لوگو!) ایک عظیم الشان رسول گواہ بنا کر تم پر جس طرح کہ (اس سے پہلے) ہم فرعون کی طرف بھی بھیج چکے ہیں ایک عظیم الشان رسول

۱۶. پھر فرعون نے (بھی جب) بات نہ مانی اس رسول کی تو ہم نے اس کو پکڑا ایک سخت (بھاری اور ہولناک) پکڑ میں

۱۷. پھر (دنیا میں اگر تم بچ بھی گئے تو) کیسے بچو گے تم اس دن (کی پکڑ سے) جو کہ (اپنی ہولناکی کے باعث) بچوں کو بوڑھا کر دے گا؟

۱۸. آسمان اس روز (کی ہولناکی) کی وجہ سے پھٹ پڑے گا اللہ کے وعدے نے بہر حال پورا ہو کر ہی رہنا ہے

۱۹.  بلاشبہ یہ (آیتیں) ایک عظیم الشان نصیحت ہے اب جس کا جی چاہے اپنے رب کی طرف جانے کا راستہ اختیار کر لے

۲۰.  بلاشبہ آپ کا رب جانتا ہے کہ آپ قیام کرتے ہیں کبھی دو تہائی کے قریب کبھی آدھی رات اور کبھی ایک تہائی اور آپ کے ساتھیوں میں سے ایک گروہ بھی اور اللہ ہی (ٹھیک ٹھیک) اندازہ رکھتا ہے رات اور دن کا اسے معلوم ہے کہ تم اس کو ٹھیک شمار نہیں کر سکتے اس لئے اس نے تم پر مہربانی فرمادی پس اب تم جتنا قرآن آسانی سے پڑھ سکتے ہو پڑھ لیا کرو اللہ کو معلوم ہے کہ یقیناً تم میں سے کچھ لوگ بیمار ہوں گے اور کچھ دوسرے سفر کرتے ہوں گے اللہ کے فضل کی تلاش میں اور کچھ دوسرے لڑتے ہوں گے اللہ کی راہ میں پس تم جتنا قرآن آسانی سے پڑھ سکتے ہو پڑھ لیا کرو اور قائم رکھو نماز کو (ہر حال میں) اور دیتے رہو زکوٰۃ (اپنے مال کی) اور قرض دیا کرو اللہ (غنی و بے نیاز) کو اچھا قرض اور (ہمیشہ پیش نظر رکھو اس حقیقت کو کہ) جو بھی کوئی نیکی تم آگے بھیجو گے اپنی ہی جانوں کے (بھلے کے) لئے تو اسے تم (یقیناً) اللہ تعالیٰ کے یہاں پاؤ گے اس حال میں کہ وہ (بذات خود) کہیں بہتر بھی ہوگی اور اجر (و ثواب) کے لحاظ سے کہیں بڑھ کر بھی اور اللہ سے تم لوگ (بہر حال) بخشش مانگتے رہا کرو بلاشبہ اللہ بڑا ہی بخشنے والا نہایت ہی مہربان ہے

***

# ۷۴۔ المدثر

بِسۡمِ اللّٰهِ الرَّحۡمٰنِ الرَّحِيۡمِ

اللہ کے نام سے جو رحمان و رحیم ہے

۱. اے کپڑے میں لپٹنے والے

۲. اٹھو اور خبردار کرو

۳. اپنے رب کی بڑائی کا اعلان کرو

۴. اپنے کپڑوں کو پاک رکھو

۵. گندگی سے دور رہو

۶. اور احسان نہ کرو زیادہ حاصل کرنے کے لئے

۷. اور اپنے رب (کی رضا) کے لئے صبر سے کام لیتے رہو

۸. پھر (ان کو خبردار کر دو اس ہولناک انجام سے کہ) جب پھونک ماردی جائے گی اس کھوکھری چیز (صور) میں

۹. تو یہ دن بڑا ہی سخت دن ہوگا

۱۰. کافروں پر وہ (کسی بھی طرح) آسان نہیں ہوگا

۱۱. چھوڑ دو مجھے اور اس شخص کو جس کو میں نے پیدا کیا اکیلا

۱۲. اور اس کو میں نے بہت سارا مال بھی دیا

۱۳. اور حاضر رہنے والے بیٹے بھی

۱۴. اور بھی اس کے لئے ہر طرح کا سامان مہیا کر دیا

۱۵. پھر بھی وہ اس بات کی طمع رکھتا ہے کہ میں اسے اور زیادہ دوں

۱۶. ہر گز نہیں کہ وہ میری آیتوں سے عناد رکھتا ہے

۱۷. میں تو اسے (دوزخ کے ایک پہاڑ یعنی) صعود پر چڑھاؤں گا

۱۸. اس نے سوچا اور کچھ بات بنانے کی کوشش کی

۱۹. پس خدا کی مار ہو اس پر اس نے کیسی بات بنانے کی کوشش کی

۲۰. ہاں پھر اس پر خدا کی مار ہو اس نے کیسی بات بنانے کی کوشش کی

۲۱. پھر اس نے (لوگوں کی طرف) دیکھا

۲۲. پھر اس نے تیوری چڑھائی اور منہ بنایا

۲۲. پھر اس نے پیٹھ پھیری اور اپنی بڑائی کا گھمنڈ کیا

۲۴. پھر اس نے (اپنی قوم کو خوش کرنے کے لئے) کہا کہ نہیں ہے یہ (قرآن) مگر ایک جادو جو نقل ہوتا چلا آ رہا ہے

۲۵. یہ نہیں ہے مگر انسان کا (بنایا ہوا) کلام

۲۶. میں عنقریب ہی جھونک دوں گا اس کو دوزخ (کی اس دہکتی بھڑکتی آگ) میں

۲۷. اور تم کیا جانو کہ کیا ہے وہ دوزخ (کی دہکتی آگ)؟

۲۸. وہ نہ کسی پر ترس کھائے گی اور نہ کسی کو چھوڑے گی

۲۹. وہ انسان کو جھلس جھلس کر رکھ دے گی

۲۰. اور اس پر انیس (کارندے) مقرر ہوں گے

۳۱. اور ہم نے دوزخ کے یہ کارندے نہیں بنائے مگر فرشتے اور ان کی اس تعداد کو بھی ہم نے نہیں بنایا مگر ایک آزمائش کفر والوں کے لئے تاکہ یقین کر لیں وہ لوگ جن کو کتاب دی گئی ہے اور ان لوگوں کا ایمان اور بڑھ جائے جو ایمان لا چکے ہیں اور شک میں نہ پڑیں وہ لوگ جن کو کتاب دی گئی ہے اور ایمان والے اور تاکہ کہیں وہ لوگ جن کے دلوں میں روگ ہے اور (دوسرے) کھلے کافر کہ بھلا اللہ کو کیا لگے ایسی مثالوں کے بیان سے؟ اسی طرح اللہ گمراہی میں ڈال دیتا ہے جس کو چاہتا ہے اور ہدایت سے سرفراز فرما دیتا ہے جس کو چاہتا ہے اور نہیں جان سکتا کوئی تمہارے رب کے لشکروں کو مگر خود وہی اور نہیں ہے یہ (سفر اور اس کے احوال کا ذکر) مگر ایک عظیم الشان نصیحت سب لوگوں کے لئے

۳۲. ہرگز نہیں قسم ہے چاند کی

۳۳. اور رات کی جب کہ وہ ڈھل جائے

۳۴. اور صبح کی جب کہ وہ روشن ہو جائے

۳۵. بلاشبہ وہ (دوزخ) بڑی بھاری چیزوں میں سے ایک ہے

۳۶. ایک بڑا بھاری ڈراوا (نوع) بشر کے لئے

۳۷. تم میں سے ہر ایک شخص کے لئے جو آگے بڑھنا چاہے یا پیچھے رہ جانا چاہے

۳۸. ہر شخص اپنے کئے کے بدلہ میں رہن ہو گا

۳۹. مگر دائیں بازو والے

۴۰. کہ وہ عالیشان جنتوں میں ہوں گے پوچھتے ہوں گے

۴۱. مجرم لوگوں سے

۴۲. کہ کس چیز نے داخل کر دیا تم کو دوزخ (کی اس دہکتی آگ) میں؟

۴۳. وہ کہیں گے کہ ہم نہیں تھے نماز پڑھنے والوں میں

۴۴. اور نہ ہی ہم کھانا کھلایا کرتے تھے مسکین کو

۴۵. اور ہم باتیں بنانے میں لگے رہا کرتے تھے (حق کے خلاف) باتیں بنانے والوں کے ساتھ

۴۶. اور ہم جھٹلایا کرتے تھے بدلے کے دن کو

۴۷. یہاں تک کہ آ پہنچی ہم کو وہ یقینی حقیقت (یعنی موت)

۴۸. تب انکے کچھ بھی کام نہ آسکے گی سفارش کرنے والوں کی کوئی سفارش

۴۹. تو کیا ہو گیا ان لوگوں کو جو اس (عظیم الشان) نصیحت سے منہ موڑے ہوئے ہیں

۵۰. گویا کہ یہ بدکنے والے (جنگلی) گدھے ہیں

۵۱. جو بھاگ کھڑے ہوئے ہیں شیر سے

۵۲. بلکہ ان میں سے ہر شخص یہ چاہتا ہے کہ اس کو براہ راست دیئے جائیں کھلے ہوئے نوشتے

۵۲. ہر گز نہیں بلکہ اصل بات یہ ہے کہ یہ لوگ ڈرتے نہیں آخرت (کی پکڑ اور اس کے عذاب) سے

۵۴. ہر گز نہیں یہ (قرآن) تو قطعی طور پر ایک عظیم الشان نصیحت (اور یاد دہانی) ہے

۵۵. سو جس کا جی چاہے اس سے نصیحت حاصل کرے

۵۶. اور یہ لوگ نصیحت نہیں حاصل کر سکتے مگر یہ کہ اللہ ہی چاہے وہی ہے اس لائق کہ اس سے ڈرا جائے اور اسی کی شان ہے بخشش فرمانا

***

# ۷۵۔ القیامۃ

بِسْمِ اللّٰهِ الرَّحْمٰنِ الرَّحِيْمِ

اللہ کے نام سے جو رحمان ورحیم ہے

۱. نہیں میں قسم کھاتا ہوں قیامت کے دن کی

۲. اور نہیں میں قسم کھاتا ہوں ایسے نفس کی جو ملامت کرنے والا ہے (خود اپنے آپ کو)

۳. کیا انسان یہ سمجھ رہا ہے کہ ہم (دوبارہ) جمع نہ کر سکیں گے اس کی ہڈیوں کو؟

۴. کیوں نہیں جب کہ ہم اس پر بھی قادر ہیں کہ پوری طرح برابر کر دیں اس کے پور پور تک کو

۵. مگر انسان دراصل چاہتا یہ ہے کہ وہ بد عملیاں کرتا رہے اپنی آئندہ زندگی میں

۶. وہ پوچھتا ہے (استہزا و انکار کے طور پر) کہ صاحب آخر کب آنا ہے قیامت کے اس دن نے؟

۷. سو جب (مارے دہشت و حیرت کے) خیرہ ہو جائیں گی ان کی نگاہیں

۸. اور بے نور ہو جائے گا (یہ چمکتا دمکتا) چاند

۹. اور جمع کر دیا جائے گا (بے نور ہونے میں) سورج اور چاند کو

۱۰. اس روز (مارے خوف و حیرت کے) کہے گا یہ انسان کہ اب کدھر کو بھاگوں میں؟

۱۱. ہرگز نہیں وہاں کوئی جائے پناہ نہ ہوگی

۱۲. تیرے رب ہی کے پاس اس روز جا ٹھہرنا ہوگا (سب کو)

۱۲. اس روز انسان کو (پوری طرح) بتا دیا جائے گا وہ سب کچھ جو کہ اس نے آگے بھیجا ہوگا اور جو کچھ کہ اس نے پیچھے چھوڑا ہوگا

۱۴. بلکہ (حقیقت یہ ہے کہ) انسان اپنے آپ کو خود ہی اچھی طرح جانتا ہے

۱۵. اگرچہ وہ کتنے ہی بہانے (کیوں نہ) پیش کرے

۱۶. اور اپنی زبان کو مت ہلایا کرو اس (قرآن) کے ساتھ (اے پیغمبر!) اس کو جلدی جلدی یاد کر لینے کی غرض سے

۱۷. بلاشبہ ہمارے ذمے ہے اس کو جمع کر دینا (آپ کے سینے میں) اور اس کو پڑھا دینا (آپ کی زبان سے)

۱۸. پس جب ہم اس کو پڑھا کریں تو آپ غور سے سنتے رہا کریں اس کے پڑھنے کو

۱۹. پھر ہمارے ہی ذمے ہے بیان کر دینا اس (کے معانی و مطالب) کو

۲۰. ہرگز نہیں بلکہ (اصل بات یہ ہے کہ) تم لوگ محبت رکھتے ہو جلد ملنے والی چیز (یعنی دنیا) سے

۲۱. اور تم چھوڑ رہے ہو آخرت (کی اصل اور حقیقی زندگی) کو

۲۲. بہت سے چہرے تو اس روز ترو تازہ ہوں گے

۲۲. اپنے رب کی طرف دیکھ رہے ہوں گے

۲۴. جب کہ بہت سے چہرے اس روز بگڑے ہوئے ہوں گے

۲۵. وہ سمجھ رہے ہوں گے کہ ان کے ساتھ کمر توڑ معاملہ کیا جانے والا ہے

۲۶. ہرگز نہیں (ذرا یاد کرو اس وقت کو کہ) جب پہنچ جائے گی جان ہنسلی تک

۲۷. اور کہا جائے گا کہ ہے کوئی جھاڑ پھونک کرنے والا؟

۲۸. اور اسے یقین ہو جائے گا کہ یہ جدائی کا وقت ہے

۲۹. اور جڑ جائے گی پنڈلی پنڈلی سے

۲۰. تیرے رب ہی کی طرف ہوگی اس روز یہ روانگی

۲۱. پھر بھی (اس غافل انسان کا حال یہ ہے کہ) اس نے نہ تصدیق کی (حق کی) اور نہ اس نے نماز پڑھی (اپنے رب کی رضا کے لئے)

۲۲. بلکہ اس نے جھٹلایا (حق کو) اور منہ موڑا (اپنے رب کے حکم سے)

۲۲. پھر یہ چل دیا وہ اپنے گھر والوں کی طرف اکڑتا (اور ناز کرتا) ہوا

۲۴. ہلاکت ہے تیرے لئے (اے بدبخت انسان) پھر ہلاکت

۲۵. ہاں ہلاکت ہے تیرے لئے (اے شقی) پھر ہلاکت

۲۶. کیا ایسے انسان نے یہ سمجھ رکھا ہے کہ اس کو یونہی بے کار چھوڑ دیا جائے گا؟

۲۷. کیا یہ ایک حقیر بوند نہیں تھا منی کی جس کو ٹپکایا جاتا ہے؟

۲۸. پھر یہ ایک لوتھڑا بنا پھر اس (قادر مطلق) نے اس کا جسم بنایا اور اس کے اعضا درست کئے

۲۹. اس نے پھر اس سے (اپنی قدرت کاملہ اور حکمت بالغہ سے) دو قسمیں بنائیں مرد اور عورت

۴۰. تو کیا وہ اللہ (جس نے یہ سب کچھ کیا) اس پر قادر نہیں کہ (پھر سے) زندہ کر دے مردوں کو؟

***

# ۷۶۔ الانسان

بِسۡمِ اللّٰہِ الرَّحۡمٰنِ الرَّحِیۡمِ

اللہ کے نام سے جو رحمان ور حیم ہے

۱. کیا انسان پر لاتتناہی زمانے کا ایک دور ایسا نہیں گزرا جب کہ اس کا کوئی نام (و نشان) بھی نہ تھا؟

۲. بلاشبہ ہم ہی نے پیدا کیا انسان کو ایک ملے جلے نطفے سے تاکہ ہم (مکلف بنا کر) اس کی آزمائش کریں سو (اس غرض کے لئے) ہم نے اس کو بنایا سننے والا دیکھنے والا

۲. ہم نے اس کو راستہ بتا دیا (پھر اس کی مرضی) خواہ وہ شکر گزار بنے خواہ ناشکرا

۴. بلاشبہ ہم نے تیار کر رکھی ہیں کافروں کے لئے بڑی ہولناک زنجیریں بھاری طوق اور ایک بڑی ہی (خوفناک اور) دہکتی آگ

۵. (اس کے برعکس) نیک لوگ وہاں ایسی شراب کے جام پی رہے ہوں گے جس کی آمیزش کافور سے ہوگی

۶. وہ ایک ایسا عظیم الشان چشمہ ہو گا جس سے (مزے لے لے کر) پی رہے ہوں گے اللہ کے خاص بندے وہ اسے (جدھر چاہیں گے محض اپنے اشاروں سے) بہا لے جائیں گے

۷.　وہ جو (آج دنیا میں) پورا کرتے ہیں اپنی نذروں کو اور وہ ڈرتے ہیں ایک ایسے ہولناک دن سے جس کی سختی ہر طرف پھیلی ہو گی

۸.　وہ کھانا کھلاتے ہیں اس کی محبت پر مسکین یتیم اور قیدی کو

۹.　(اور وہ دل میں یا زبان سے کہتے ہیں کہ) ہم تو تمہیں محض اللہ کے لئے کھلا رہے ہیں تم سے نہ کوئی بدلہ لینا چاہتے ہیں نہ کوئی شکریہ

۱۰.　ہمیں تو اپنے رب سے ایک ایسے دن کا سخت ڈر لگا رہتا ہے جو بڑا ہی ہولناک اور تلخ دن ہو گا

۱۱.　سو (ان کی اس فرمانبرداری و اخلاص مندی کے طفیل) اللہ تعالیٰ نے بچا لیا ہو گا ان کو اس دن کے شر سے اور ان کو نواز دیا ہو گا (اپنے کرم سے) ایک عظیم الشان تازگی اور سرور (شادمانی) سے

۱۲.　اور ان کو سرفراز فرما دیا ہو گا اس نے (اپنی رحمت و عنایت سے) عظیم الشان جنت اور ریشمی لباس سے اس بناء پر کہ انہوں نے (زندگی بھر) صبر سے کام لیا (راہ حق و صواب پر)

۱۲.　اس جنت میں یہ لوگ اونچی مسندوں پر تکیئے لگائے بیٹھے ہوں گے (اس پر کیف منظر میں کہ) نہ وہ وہاں پر دھوپ (کی سختی) دیکھیں گے اور نہ جاڑے کی ٹھر

۱۴.　جھکے پڑے ہوں گے ان پر وہاں کے (درختوں کے) سائے اور پوری طرح ان کے بس (اور اختیار) میں کر دیا گیا ہو گا وہاں کے پھلوں کو

۱۵.　ان کے آگے گردش میں لائے جا رہے ہوں گے عظیم الشان برتن چاندی کے اور ایسے عظیم الشان پیالے جو کہ شیشے کے ہوں گے

۱۶. شیشے بھی وہ جو چاندی کے ہوں گے اور ان کو ساقیوں نے پورے پورے اندازے سے بھرا ہوگا

۱۷. اور انکو وہاں پر پلائے جارہے ہوں گے شراب کے ایسے جام (پر کیف) جن کی آمیزش سونٹھ کی ہوگی

۱۸. یعنی ایک ایسے عظیم الشان چشمے سے (ان کی یہ تواضع کی جائے گی) جس کا نام وہاں پر سلسبیل ہوگا

۱۹. اور ان کی خدمت کے لئے ایسے لڑکے گھوم پھر رہے ہوں گے جو ہمیشہ لڑکے ہی رہیں گے جب تم انہیں دیکھو تو سمجھو کہ وہ موتی ہیں جن کو بکھیر دیا گیا ہے

۲۰. اور وہاں تم جدھر بھی نگاہ ڈالو گے تو دیکھو گے کہ وہاں نعمتیں ہی نعمتیں ہیں اور ایک (بے مثل اور) عظیم الشان سلطنت

۲۱. ان (کے بدن) پر سبز رنگ کے (عظیم الشان) کپڑے ہوں گے باریک اور موٹے ریشم کے اور (مزید عظمت شان سے نوازنے کے لئے) ان کو کنگن پہنائے گئے ہوں گے چاندی کے اور ان کو پلائے گا ان کا رب ایک نہایت ہی عظیم الشان پاکیزہ مشروب

۲۲. (اور انکے سرور کو دوبالا کرنے کے لئے ان سے کہا جائے گا کہ) بلاشبہ یہ صلہ ہے تمہارا (زندگی بھر کے کیئے کرائے کا) اور ٹھکانے لگی تمہاری (عمر بھر کی) محنت

۲۲. بلاشبہ ہم ہی نے اتارا ہے آپ پر یہ قرآن (اے پیغمبر اپنی خاص عنایت سے) تھوڑا تھوڑا کر کے

۲۴. پس آپ صبر ہی سے کام لیتے رہیں اپنے رب کے حکم کے مطابق اور (کسی بھی قیمت پر) بات نہیں ماننا ان میں سے کسی بھی بدکار یا منکر حق کی

۲۵. اور یاد کرتے رہا کرو تم نام اپنے رب کا صبح وشام (یعنی ہر وقت)

۲۶. اور رات کا کچھ حصہ بھی اسی کے حضور سجدہ ریز رہا کرو اور رات کا ایک بڑا حصہ اسی کی تسبیح (و تقدیس) میں لگے رہا کرو

۲۷. اصل حقیقت یہ ہے کہ یہ لوگ محبت کرتے ہیں اس جلد ملنے والی چیز (یعنی دنیا) سے اور چھوڑتے (اور نظر انداز کرتے) ہیں اپنے آگے آنے والے ایک ایسے دن کو جو بڑا ہی بھاری (اور نہایت ہولناک) دن ہے

۲۸. ہم ہی نے پیدا کیا ان کو (اپنی قدرت کاملہ اور حکمت بالغہ سے) اور مضبوط کئے ان کے جوڑ بند اور ہم جب چاہیں ان (کو ہلاک کر کے ان) کی جگہ اور لوگ لے آئیں

۲۹. بلاشبہ یہ (جو کچھ مذکور ہوا) ایک عظیم الشان نصیحت (اور یاد دہانی) ہے سو جس کا جی چاہے راستہ اختیار کر لے اپنے رب کی طرف جانے کا

۳۰. اور تمہارے چاہنے سے کچھ نہیں ہوتا مگر یہ کہ اللہ چاہے بیشک اللہ سب کچھ جانتا بڑا ہی حکمت والا ہے

۳۱. وہ داخل فرماتا ہے اپنی رحمت میں جس کو چاہتا ہے اور ظالموں کے لئے اس نے تیار کر رکھا ہے ایک بڑا ہی (ہولناک اور) دردناک عذاب

***

# ۷۷۔ المرسلات

بِسۡمِ اللّٰہِ الرَّحۡمٰنِ الرَّحِیۡمِ

اللہ کے نام سے جو رحمان ورحیم ہے

۱. قسم ہے ان (ہواؤں) کی جو چھوڑی جاتی ہیں پے در پے

۲. پھر جو جھکڑ بن جاتی ہیں زور پکڑ کر

۳. اور قسم ہے ان کی جو پھیلا دیتی ہیں (بادلوں کو ایک پُر حکمت طریقے سے) ابھار کر

۴. پھر جو جدا کر دیتی ہیں (ان کو) پھاڑ کر

۵. پھر جو ڈال دیتی ہیں (دلوں میں خدا کی) یاد

۶. عذر کے طور پر یا ڈراوے کے طور پر

۷. بلا شبہ جس چیز کا تم سے وعدہ کیا جاتا ہے (اے لوگو!) اس نے ضرور ہو کر رہنا ہے

۸. سو جب مٹا دیئے جائیں گے (یہ جھلمل کرتے روشن) ستارے

۹. اور پھاڑ دیا جائے گا (یہ مضبوط و مستحکم) آسمان

۱۰. اور جب دھنک ڈالا جائے گا ان (دیو ہیکل) پہاڑوں کو

۱۱. اور جب آپہنچے گا رسولوں کی حاضری کا وقت (تو اس وقت تم خود دیکھ لو گے زندگی بھر کے اپنے کئے کرائے کا انجام)

١٢. کس دن کے لئے اٹھا رکھا گیا ہے ان سب امور (واحوال) کو

١٢. فیصلے کے دن کے لئے

١۴. اور تمہیں کیا خبر کہ کیا ہے فیصلے کا وہ دن ؟

١۵. بڑی تباہی ہوگی اس دن جھٹلانے والوں کے لئے

١٦. کیا ہم نے ہلاک نہیں کیا اگلوں کو؟

١٧. پھر انہی کے پیچھے ہم چلتا کر دیں گے بعد والوں کو

١٨. اسی طرح کرتے ہیں ہم مجرموں کے ساتھ

١٩. بڑی ہی خرابی ہوگی اس دن جھٹلانے والوں کے لئے

٢٠. کیا ہم نے تم کو پیدا نہیں کیا ایک بے قدرے (اور حقیر) پانی سے ؟

٢١. پھر ہم نے اس کو ٹھہرائے رکھا (اپنی حکمت و قدرت سے) ایک محفوظ ٹھکانے میں

٢٢. ایک مقررہ مدت تک

٢٢. پھر ہم نے (اس کی ہر چیز کا) ایک اندازہ ٹھہرایا سو ہم کیا ہی خوب اندازہ ٹھہرانے والے ہیں

٢۴. بڑی خرابی ہوگی اس دن جھٹلانے والوں کے لئے

٢۵. کیا ہم نے نہیں بنایا (اپنی قدرت و حکمت سے) اس زمین کو سمیٹنے والی ؟

٢٦. زندوں کو بھی اور مردوں کو بھی

٢٧. اور (کیا یہ امر واقع نہیں ہے کہ) ہم نے اس میں جما دیئے بلند و بالا یہ (فلک بوس اور دیو ہیکل) پہاڑ؟ اور ہم نے پلایا تم لوگوں کو (صاف ستھرا اور) میٹھا پانی ؟

۲۸. بڑی ہی خرابی ہوگی اس دن جھٹلانے والوں کے لئے

۲۹. (اس روز کہا جائے گا کہ) اب چلو تم لوگ اسی چیز کی طرف جس کو تم جھٹلایا کرتے تھے

۳۰. چلو تم تین شاخوں والے ایک ایسے ہولناک سائے کی طرف

۳۱. جس میں نہ کوئی ٹھنڈک ہوگی اور نہ ہی وہ کچھ کام آسکے گا آگ کی لپٹ سے بچانے میں

۳۲. وہ آگ ایسی ہولناک چنگاریاں پھینک رہی ہوگی جو کہ (اپنی جسامت میں) محل کی طرح ہوں گی

۳۲. (جو اپنی کثرت اور اچھل کود میں ایسے لگتی ہوں گی کہ) جیسے کہ وہ اونٹ ہیں زرد رنگ کے

۳۴. بڑی خرابی ہوگی اس دن جھٹلانے والوں کے لئے

۳۵. یہ وہ دن ہوگا کہ جس میں نہ تو وہ کچھ بول سکیں گے

۳۶. اور نہ ہی انہیں اس کی اجازت دی جائے گی کہ وہ کوئی عذر پیش کریں

۳۷. بڑی ہی خرابی ہوگی اس دن جھٹلانے والوں کے لئے

۳۸. (ان سے کہا جائے گا کہ) یہ ہے فیصلے کا دن ہم نے جمع کر لیا تم کو بھی اور (تم سے) پہلے گزرے ہوئے لوگوں کو بھی

۳۹. پس اگر تم لوگوں کے پاس کوئی چال ہے تو اب تم مجھ پر چلا کر دیکھ لو

۴۰. بڑی ہی خرابی ہوگی اس دن جھٹلانے والوں کے لئے

۴۱۔ (اس کے برعکس) پرہیزگار لوگ (اس دن) ٹھنڈی چھاؤں اور طرح طرح کے عظیم الشان چشموں میں ہوں گے

۴۲۔ اور قسما قسم کے ان پھلوں میں جن کو وہ خود چاہیں گے

۴۳۔ (ان سے کہا جائے گا کہ) مزے سے کھاؤ اور پیو تم لوگ اپنے ان اعمال کے بدلے میں جو تم کرتے رہے تھے (اپنی زندگی میں)

۴۴۔ بلاشبہ ہم اسی طرح (صلہ و) بدلہ دیتے ہیں نیکو کاروں کو

۴۵۔ بڑی ہی خرابی ہوگی اس دن جھٹلانے والوں کے لئے

۴۶۔ (آج دنیا میں تم کچھ) کھا پی لو اور تھوڑے دن مزے اڑا لو (اے بدبخت منکرو! کہ) تم بہر حال ہو چکے مجرم (اور عذاب کے مستحق)

۴۷۔ بڑی ہی خرابی ہوگی اس دن جھٹلانے والوں کے لئے

۴۸۔ اور جب ان سے کہا جاتا ہے کہ تم لوگ جھک جاؤ (اپنے اللہ کے آگے) تو یہ نہیں جھکتے ہیں

۴۹۔ بڑی ہی خرابی ہوگی اس دن جھٹلانے والوں کے لئے

۵۰۔ تو آخر کس کلام پر ایمان لائیں گے یہ لوگ اس (قرآن حکیم کے) کلام (معجز نظام) کے بعد ؟

***

# ۷۸۔ النباء

بِسْمِ اللّٰهِ الرَّحْمٰنِ الرَّحِيْمِ

اللہ کے نام سے جو رحمان و رحیم ہے

۱. یہ لوگ کس چیز کے بارے میں آپس میں پوچھ گچھ کررہے ہیں؟

۲. (کیا) اس بڑی خبر کے بارے میں؟

۲. جس میں یہ لوگ خوداختلاف میں پڑے ہوئے ہیں؟

۴. ہرگزایسا نہیں (جیساکہ یہ سمجھ رہے ہیں) عنقریب ان کو خود ہی معلوم ہوجائے گا

۵. ہاں پھر ہرگزایسا نہیں عنقریب ان کو خود ہی معلوم ہوجائے گا

۶. کیا یہ امر واقعہ نہیں کہ ہم نے بنا دیا (اپنی قدرت کاملہ اور حکمت بالغہ سے) اس زمین کوایک عظیم الشان بچھونا

۷. اور پہاڑوں کواس کی میخیں

۸. اور تمہیں پیدا کیا (مردوں اور عورتوں کی شکل میں) جوڑے جوڑے

۹. اور ہم ہی نے بنایا تمہارے لیے تمہاری نیند کو مکمل آرام (وراحت) کی چیز

۱۰. اور ہم ہی نے بنایا رات کوایک عظیم الشان لباس

۱۱. اور دن کو معاش کا وقت

۱۲. اور ہم ہی نے بنا دیئے تمہارے اوپر سات مضبوط آسمان

۱۳. اور ہم ہی نے رکھ دیا (ان کے اندر) ایک نہایت ہی گرم اور روشن چراغ

۱۴. اور ہم ہی نے اتارا بھرے بادلوں سے (تمہاری طرح طرح ضرورتوں کے مطابق) بکثرت پانی

۱۵. تاکہ اس کے ذریعے ہم نکالیں طرح طرح کے غلے اور (قسما قسم کے) سبزے

۱۶. اور (قسما قسم) کے گھنے باغ بھی

۱۷. بلاشبہ فیصلے کا دن ایک مقرر وقت ہے

۱۸. جس دن پھونک ماری جائے گی صور کے اندر اور تم سب لوگ (بلاچوں وچرا نکل کر) چلے آؤ گے فوج در فوج

۱۹. اور کھول دیا جائے گا (اس بے شگاف) آسمان کو اس طور پر کہ یہ دروازے ہی دروازے بن کر رہ جائے گا

۲۰. اور چلا دیا جائے گا (ان دیو ہیکل) پہاڑوں کو اس طور پر کہ یہ (ریگ رواں) اور سراب بن کر رہ جائیں گے

۲۱. بیشک دوزخ گھات میں لگی ہوئی ہے

۲۲. سرکشوں کے لیے ایک بڑے ہی ہولناک ٹھکانے کے طور پر

۲۳. جس میں ان کو رہنا ہو گا مدتوں (پر مدتیں)

۲۴. وہ وہاں پر نہ تو کسی ٹھنڈک کا مزہ چکھ سکیں گے اور نہ ہی پینے کے قابل کسی چیز کا

۲۵. کچھ ملے گا تو سخت کھولتا ہوا پانی اور بہتی ہوئی پیپ

۲۶. بھرپور بدلہ ہو گا (ان کے کیے کرائے کا)

۲۷. (کیونکہ) یہ لوگ توقع نہیں رکھتے کسی طرح کے حساب (کتاب) کی

۲۸.　اور انھوں نے (زندگی بھر) جھٹلایا تھا ہماری آیتوں کو طرح طرح سے

۲۹.　حالانکہ ہم نے ہر چیز کو محفوظ کر رکھا تھا لکھ کر

۳۰.　سو (اس روز ان سے کہا جائے گا کہ) لو اب چکھو تم لوگ مزہ (اپنی کرنیوں کا) پس ہم تمہیں عذاب ہی بڑھاتے چلے جائیں گے

۳۱.　(اس کے برعکس) پرہیزگاروں کے لیے ایک بڑی ہی عظیم الشان کامیابی ہوگی

۳۲.　طرح طرح کے عظیم الشان باغ اور انگور

۳۳.　اور نوخیز ہم عمر لڑکیاں

۳۴.　اور (شراب طہور کے) چھلکتے جام

۳۵.　وہ نہ تو وہاں پر کوئی بے ہودہ بات سنیں گے اور نہ ہی کسی قسم کا کوئی جھوٹ

۳۶.　صلہ ہوگا نہایت کافی بخشش کے طور پر تمہارے اس رب (غفور و شکور) کی جانب سے

۳۷.　جو کہ مالک ہے آسمانوں اور زمین اور اس ساری کائنات کا جو کہ آسمان و زمین کے درمیان میں ہے اس (خدائے) رحمان کی طرف سے جس کے سامنے کسی کو یارا نہ ہوگا بات کرنے کا

۳۸.　جس روز کھڑے ہوں گے روح اور فرشتے (اس وحدہٗ لاشریک کے حضور) صف بستہ (اس قدر خشوع و خضوع کے ساتھ کہ) کوئی بول بھی نہ سکے گا مگر جس کو اجازت دی ہوگی (خدائے) رحمان نے اور وہ بات بھی ٹھیک کہے گا

۳۹.　یہ ہے وہ برحق دن اب جس کا جی چاہے اپنے رب کے پاس ٹھکانا بنالے

۴۰. ہم نے تو تمہیں پوری طرح خبردار کر دیا ہے (اے لوگو!) ایک ایسے ہولناک عذاب سے جو کہ قریب ہی آلگا ہے، جس روز آدمی دیکھ لے گا وہ سب کچھ جو کہ آگے بھیجا ہو گا اس کے ہاتھوں نے (اپنی زندگی کی فرصت میں) اور کافر (اس روز) کہے گا (اور ہزار حسرت و افسوس کے ساتھ کہے گا

***

# ۷۹۔ النازعات

بِسۡمِ اللّٰہِ الرَّحۡمٰنِ الرَّحِیۡمِ

اللہ کے نام سے جو رحمان و رحیم ہے

۱. قسم ہے ان فرشتوں کی جو جان نکالتے ہیں گھس کر

۲. اور ان کی جو بند کھول دیتے ہیں آسانی سے

۳. اور ان کی جو چلتے ہیں تیرتے ہوئے

۴. پھر جو (اپنے خالق و مالک کے حکم کی تعمیل میں) آگے بڑھتے ہیں دوڑ کر

۵. پھر ان کی جو تدبیر کرتے ہیں (اپنے رب کے) حکم سے (قیامت نے ضرور بالضرور قائم ہونا ہے)

۶. جس روز ہلا مارے گا وہ (انتہائی ہولناک) جھٹکا

۷. اس کے پیچھے آ لگے گا ایک اور (ایسا ہی زوردار) جھٹکا

۸. کچھ دل اس روز (مارے خوف کے) کانپ رہے ہوں گے

۹. ان کی نگاہیں جھکی ہوئی ہوں گی (مارے دہشت و حیرت کے)

۱۰. (مگر یہ لوگ ہیں کہ تعجب اور استہزا کے طور پر) کہتے ہیں کہ کیا واقعی ہمیں پلٹا کر واپس لایا جائے گا اپنی پہلی حالت میں؟

۱۱. کیا جب کہ ہم ہو چکے ہوں گے کھوکھری بوسیدہ ہڈیاں؟

۱۲. کہنے لگے تب تو یہ واپسی بڑی ہی گھاٹے کی ہوگی

۱۲. سو (واضح رہے کہ) وہ تو بس ایک ڈانٹ ہوگی زور کی

۱۴. جس کے نتیجے میں یہ سب کے سب یکایک آموجود ہوں گے (حشر کے) اس (عظیم الشان) میدان میں

۱۵. کیا تمہارے پاس موسیٰ کا قصہ بھی پہنچا؟

۱۶. جب کہ ان کو پکارا ان کے رب نے اس مقدس وادی یعنی طویٰ (کے ایک پر کیف سماں) میں

۱۷. کہ جاؤ فرعون کے پاس کہ وہ بڑا سرکش ہوگیا ہے

۱۸. اور اس سے کہو کہ کیا تو اس کے لیے تیار ہے کہ تو پاکیزگی اختیار کرے

۱۹. اور میں تجھے تیرے رب کی طرف راہنمائی کروں کہ تو (اس سے) ڈرنے لگے

۲۰. پھر (فرعون کے پاس پہنچنے کے بعد) موسیٰ نے دکھائی اس کو (اپنی نبوت کی) وہ بڑی نشانی

۲۱. (مگر) اس نے پھر بھی جھٹلایا اور نافرمانی ہی کی

۲۲. پھر وہ پلٹ کر (ان کے خلاف) کوشش میں لگ گیا

۲۲. چنانچہ اس نے (لوگوں کو) جمع کر کے پکار کر کہا

۲۴. میں ہوں تمہارا سب سے بڑا رب

۲۵. آخر کار پکڑا اس کو اللہ نے (اپنی بطش شدید سے) آخرت اور دنیا کے عبرتناک عذاب میں

۲۶. بلاشبہ اس میں بڑی بھاری عبرت (کا سامان) ہے ہر اس شخص کے لیے جو ڈرتا ہو

۲۷. کیا تمہارا پیدا کرنا زیادہ سخت (اور مشکل) ہے یا آسمان کا اس کو اس (قادر مطلق) نے بنایا (اپنی قدرت کاملہ اور حکمت بالغہ سے)

۲۸. اوپر اٹھایا اس کی چھت کو پھر اس کو برابر کیا (ہر اعتبار سے)

۲۹. اور اس نے ڈھانک دیا اس کی رات کو (تاریکی کی چادر سے) اور نکالا اس کے (دن کے اجالے) کو

۳۰. اور زمین کو اس کے بعد بچھا دیا اس نے (نہایت ہی حکمت بھرے طریقے سے)

۳۱. اس کے اندر سے اس کا پانی بھی نکالا اور چارہ بھی

۳۲. اور اسی نے گاڑھ دیا اس کے اندر پہاڑوں (کے ان عظیم الشان لنگروں) کو

۳۳. (یہ سب کچھ) فائدہ پہنچانے کے لیے تمہیں اور تمہارے مویشیوں کو

۳۴. پھر جب بپا ہو جائے گا (تہس نہس کر دینے والا) وہ سب سے بڑا ہنگامہ

۳۵. تو اس دن انسان رہ رہ کر یاد کرے گا وہ سب کچھ جو کہ اس نے کیا ہو گا (اپنی زندگی میں)

۳۶. اور بے نقاب کر دیا جائے گا اس روز دوزخ کو دیکھنے والوں کے لیے

۳۷. سو جس نے سرکشی کی ہوگی

۳۸. اور اس نے (آخرت کے مقابلے میں) دنیا کی زندگی کو ترجیح دی ہوگی

۳۹. تو یقیناً دوزخ ہی ہوگی اس کا ٹھکانا

۴۰. اور جو ڈرتا رہا ہوگا (اپنی زندگی میں) اپنے رب کے سامنے کھڑا ہونے سے اور اس نے روکے رکھا ہوگا اپنے نفس کو خواہشات (کی پیروی) سے

۴۱. تو بلاشبہ جنت ہی ہوگی اس کا ٹھکانا

۴۲. پوچھتے ہیں یہ لوگ آپ سے (اے پیغمبر!) قیامت کے بارے میں (تعجب و انکار کے طور پر) کہ آخر کب آ کر ٹھہرے گی وہ؟

۴۳. آپ کو کیا لگے اس کے (وقت کے) بیان سے

۴۴. آپ کے رب ہی کی طرف ہے اس (کے علم) کی انتہا

۴۵. آپ کا کام تو صرف خبردار کر دینا ہے ہر اس شخص کو جو اس سے ڈرتا ہو

۴۶. جس دن یہ لوگ اسے دیکھیں گے تو انہیں یوں محسوس ہوگا کہ گویا یہ (اس دنیا میں) نہیں ٹھہرے تھے مگر ایک شام یا اس کی صبح

***

# ۸۰۔ عبس

بِسۡمِ اللّٰہِ الرَّحۡمٰنِ الرَّحِیۡمِ

اللہ کے نام سے جو رحمان و رحیم ہے

۱. تیوری چڑھائی اور بے رخی برتی اس نے

۲. اس بات پر کہ ان کے پاس آگیا وہ نابینا

۲. اور آپ کو کیا خبر کہ وہ پوری طرح سنور جائے

۴. یا (کم از کم) وہ نصیحت پر کان دھرے (دل و جان سے) تو نصیحت کرنا اسے فائدہ پہنچائے

۵. تو جو شخص بے پرواہی برتتا ہے

۶. اس کے تو آپ پیچھے پڑتے ہیں

۷. حالانکہ آپ پر اس کی سرے سے کوئی ذمہ داری ہی نہیں کہ وہ نہیں سدھرتا

۸. اور جو (طلب حق میں) آپ کے پاس آئے دوڑتا ہوا

۹. جب کہ وہ ڈر رہا ہوتا ہے

۱۰. تو آپ اس سے بے رخی برتتے ہیں

۱۱. (ایسا) ہرگز نہیں بلاشبہ یہ (قرآن) ایک عظیم الشان نصیحت ہے

۱۲. اب جس کا جی چاہے اس نصیحت کو قبول کرے

۱۳.	(جو ثبت ہے) ایسے عظیم الشان صحیفوں میں جو بڑے ہی (معزز و) مکرم ہیں

۱۴.	جو بڑے ہی بلند مرتبہ انتہائی پاکیزہ ہیں

۱۵.	ایسے عظیم الشان لکھنے والوں کے ہاتھوں میں

۱۶.	جو بڑے ہی عزت والے اور نیکوکار ہیں

۱۷.	خدا کی مار (اور پھٹکار ہو) اس انسان پر کیسا ناشکرا (اور کس قدر بے انصاف) ہے یہ؟

۱۸.	کس چیز سے پیدا کیا اس کو اس (قادر مطلق) نے؟

۱۹.	ایک (حقیر سی) بوند سے پیدا کیا اس کو پھر اس کو (نہایت ہی حکمتوں بھرے) انداز پر رکھا

۲۰.	پھر اس نے آسان فرما دیا اس کے لیے (زندگی کا) راستہ

۲۱.	پھر وہی اس کو موت کے گھاٹ اتار کر قبر میں پہنچا دیتا ہے

۲۲.	پھر وہی جب چاہے گا اسے دوبارہ اٹھا کھڑا کرے گا

۲۲.	ہرگز نہیں اس نے تو ابھی تک وہ فرض پورا نہیں کیا جس کا اللہ نے اس کو حکم دیا تھا

۲۴.	پھر یہ (حضرت) انسان ذرا اپنی خوراک (کے نظام) ہی میں غور کر لے

۲۵.	کہ ہم نے (اس کی ضرورتوں کے لیے کیسے طرح طرح سے) پانی لنڈھایا

۲۶.	پھر ہم نے کس عجیب و غریب طریقے سے پھاڑا زمین کو

۲۷.	پھر ہم ہی نے اگائے اس میں (اپنی قدرت کاملہ اور عنایت شاملہ سے) طرح طرح کے غلے

| | |
|---|---|
| ۲۸. | اور انگور اور ترکاریاں |
| ۲۹. | اور زیتون اور کھجوریں |
| ۳۰. | اور قسما قسم کے گھنے (اور خوشنما) باغ |
| ۳۱. | اور طرح طرح کے (لذیذ) پھل اور چارے |
| ۳۲. | (اور یہ سب کچھ) فائدہ پہنچانے کے لیے تمہیں اور تمہارے مویشیوں کو |
| ۳۳. | پھر جب آپہنچے گی کانوں کو بہرا کر دینے والی وہ سب سے بڑی (ہولناک) آواز |
| ۳۴. | تو اس روز آدمی بھاگے گا اپنے بھائی سے |
| ۳۵. | اپنی ماں اور باپ سے |
| ۳۶. | اور اپنی بیوی اور بیٹوں سے |
| ۳۷. | ان میں سے ہر ایک پر اس روز ایک ایسی حالت طاری ہوگی جو اسے کسی اور کا ہوش نہ رہنے دے گی |
| ۳۸. | کچھ چہرے تو اس روز چمک رہے ہوں گے |
| ۳۹. | وہ ہنستے ہوں گے اور ان پر خوشیاں کھیلتی ہوں گی |
| ۴۰. | جب کہ کچھ چہروں پر اس روز خاک اڑ رہی ہوگی |
| ۴۱. | ان پر چھا رہی ہوگی ایک ہولناک سیاہی |
| ۴۲. | یہی ہوں گے کافر اور فاجر لوگ |

***

# ۸۱۔ التکویر

بِسۡمِ اللّٰہِ الرَّحۡمٰنِ الرَّحِیۡمِ

اللہ کے نام سے جو رحمان و رحیم ہے

۱. جب لپیٹ دیا جائے گا (اس چمکتے دمکتے) سورج کی بساط کو

۲. اور جب بے نور ہو جائیں گے (یہ جھلمل جھلمل کرتے) ستارے

۳. اور جب چلا دیا جائے گا (ان جمے ہوئے دیو ہیکل) پہاڑوں کو

۴. اور جب آوارہ پھرتا چھوڑ دیا جائے گا دس ماہ کی گابھن اونٹنیوں کو

۵. اور جب اکٹھا کر دیا جائے گا وحشی جانوروں کو

۶. اور جب بھڑکا دیا جائے گا سمندروں کو

۷. اور جب جوڑ دیا جائے گا جانوں کو

۸. اور جب زندہ درگور کی ہوئی لڑکی سے پوچھا جائے گا

۹. کہ اس کو کس گناہ کی بنا پر قتل کیا گیا تھا؟

۱۰. اور جب اعمال ناموں کو کھول دیا جائے گا

۱۱. اور جب آسمان کی کھال کھینچ لی جائے گی

۱۲. اور جب دوزخ کو (دہکا اور) بھڑکا دیا جائے گا

۱۳. اور جب جنت کو نزدیک کر دیا جائے گا

۱۴. (جب یہ سب کچھ ہو جائے گا) تو اس وقت معلوم ہو جائے گا ہر شخص کو کہ وہ کیا لے کر آیا ہے

۱۵. پس نہیں میں قسم کھاتا ہوں ان ستاروں کی جو پیچھے کو ہٹنے لگتے ہیں

۱۶. سیدھے چلنے والوں چھپ جانے والوں کی

۱۷. اور رات کی جب کہ وہ رخصت ہونے لگے

۱۸. اور صبح کی جب کہ وہ سانس لینے لگے

۱۹. بلاشبہ یہ (قرآن لایا ہوا) کلام ہے ایک ایسے باعزت رسول کا

۲۰. جو بڑی قوت والا اور عرش کے مالک کے نزدیک بڑے مرتبے والا ہے

۲۱. وہاں اس کا حکم مانا جاتا ہے اور وہ بڑا امانتدار بھی ہے

۲۲. اور (عقل کے دشمنو!) تمہارے اس ساتھی میں تو جنون کی کوئی بات نہیں

۲۲. اور بلاشبہ انہوں نے دیکھا اس (رسول کریم) کو روشن افق پر

۲۴. اور یہ پیغمبر اس غیب کو بتانے میں کوئی بخل نہیں کرتے

۲۵. اور نہ ہی یہ (قرآن) کلام ہو سکتا ہے کسی شیطان مردود کا

۲۶. پھر تم لوگ کدھر (بہکے اور بھٹکے) جا رہے ہو؟

۲۷. یہ تو ایک عظیم الشان نصیحت (اور یاد دہانی) ہے سب جہاں والوں کے لئے

۲۸. تم میں سے ہر اس شخص کے لیے جو سیدھا چلنا چاہے

۲۹. اور تمہارے چاہنے سے کچھ نہیں ہوتا مگر یہ کہ اللہ چاہے جو کہ پروردگار ہے سارے جہانوں کا

***

# ۸۲۔ الانفطار

بِسْمِ اللّٰهِ الرَّحْمٰنِ الرَّحِيْمِ

اللہ کے نام سے جو رحمان و رحیم ہے

۱. جب آسمان پھٹ پڑے گا

۲. اور جب ستارے بکھر جائیں گے

۲. اور جب سمندر بہا دیئے جائیں گے

۴. اور جب (لوگوں کو از سر نو زندہ کرنے کے لیے) قبروں کو اکھاڑ دیا جائے گا

۵. تو اس وقت ہر شخص جان لے گا وہ سب کچھ جو کہ اس نے آگے بھیجا اور جو پیچھے چھوڑا

۶. اے انسان تجھے کس چیز نے دھوکے میں ڈال دیا اپنے اس رب کریم کے بارے میں

۷. جس نے تجھے پیدا کیا پھر تجھے ٹھیک کیا پھر تجھے برابر کیا

۸. اور جس صورت میں چاہا اس نے تجھے جوڑ کر تیار کر دیا

۹. ہر گز نہیں بلکہ (اصل بات یہ ہے کہ) تم لوگ جھٹلاتے ہو سزا و جزا کو

۱۰. حالانکہ تم پر تو سخت قسم کے نگراں مقرر ہیں

۱۱. یعنی کچھ ایسے معزز لکھنے والے

۱۲. جو جانتے ہیں وہ سب کچھ جو تم لوگ کرتے ہو

۱۲. بلاشبہ نیک لوگ بڑی ہی عظیم الشان نعمتوں میں ہوں گے

۱۴. اور یقیناً بدکار لوگ دوزخ میں ہوں گے

۱۵. ان کو اس میں داخل ہونا ہوگا بدلے کے اس دن

۱۶. اور وہ اس سے کہیں جانے نہ پائیں گے

۱۷. اور تم کیا جانو کہ کیا ہے وہ بدلے کا دن ؟

۱۸. ہاں تم کیا جانو کہ کیا ہے بدلے کا وہ دن ؟

۱۹. یہ وہ دن ہوگا جس میں کسی بھی شخص کے بس میں نہیں ہوگا کہ وہ کسی کے کام آ سکے کچھ بھی اور معاملہ اس دن اللہ ہی کے اختیار میں ہوگا (سب کا سب)

***

# ۸۳۔ المطففین

بِسۡمِ اللّٰہِ الرَّحۡمٰنِ الرَّحِیۡمِ

اللہ کے نام سے جو رحمان ورحیم ہے

۱. بڑی خرابی ہے ناپ تول میں کمی کرنے والوں کے لیے

۲. جن کا حال یہ ہے کہ ان کو جب لوگوں سے لینا ہوتا ہے تو پورا پورا لیتے ہیں

۲. اور جب ان کو ناپ یا تول کر دینا ہو تو کم دیتے ہیں

۴. کیا یہ لوگ اس کا خیال نہیں کرتے کہ یہ (دوبارہ) اٹھائے جانے والے ہیں ؟

۵. ایک بڑے ہی ہولناک دن میں

۶. جس دن کہ کھڑے ہوں گے لوگ رب العالمین (جل جلالہ) کے حضور

۷. ہرگز نہیں یقیناً بدکاروں کے اعمال نامے ایک نہایت ہی تنگ و تاریک قید خانے کے دفتر میں ہوں گے

۸. اور تم کیا جانو کہ کیا ہے اس تنگ و تاریک قید خانے کا وہ دفتر ؟

۹. وہ ایک کتاب ہے لکھی ہوئی

۱۰. بڑی خرابی ہوگی اس دن ان جھٹلانے والوں کے لیے

۱۱. جو جھٹلاتے ہیں بدلے کے (اس ہولناک) دن کو

۱۲. اور اس کو نہیں جھٹلاتا مگر وہی شخص جو حد سے بڑھنے والا پکا بدکار رہے

١٢. جب اس کو پڑھ کر سنائی جاتی ہیں ہماری (صاف و صریح) آیتیں تو کہتا ہے کہ یہ تو
کہانیاں ہیں پہلے لوگوں کی

١٤. ہر گز نہیں بلکہ اصل بات یہ ہے کہ ان لوگوں کے دلوں پر زنگ چڑھا دیا ہے ان کی
اپنی اس کمائی نے جو یہ کرتے رہے ہیں

١٥. ہر گز نہیں یقیناً یہ لوگ اس دن اپنے رب (کے دیدار) سے قطعی طور پر محروم
(اور بے بہرہ) ہوں گے

١٦. پھر انہوں نے بہر حال داخل ہونا ہے دوزخ (کی اس دہکتی بھڑکتی آگ) میں

١٧. پھر (ان سے) کہا جائے گا کہ یہی ہے وہ چیز جس کو تم جھٹلایا کرتے تھے

١٨. ہر گز نہیں یقیناً نیک لوگوں کے اعمال نامے علیین میں (محفوظ و مامون) ہوں گے

١٩. اور تم کیا جانو کہ کیا (اور کیسی شان کا) ہے وہ علیون ؟

٢٠. وہ لکھی ہوئی ایک ایسی کتاب ہے

٢١. جس کی نگہداشت فرشتے کرتے ہیں

٢٢. بلاشبہ نیک لوگ بڑی ہی نعمتوں میں ہوں گے

٢٢. اونچی اونچی مسندوں پر بیٹھے نظارے کر رہے ہوں گے

٢٤. تم ان کے چہروں میں (ہمیشہ بشاشت و) تازگی دیکھو گے وہاں کی اس آسائش کی
بناء پر

٢٥. ان کو ایک ایسی نتھری سر بمہر شراب پلائی جائے گی

٢٦. جس کی مہر مشک کی ہو گی تو اس میں بازی لے جانے کی کوشش کرنی چاہیے ان
لوگوں کو جو بازی لے جانا چاہتے ہیں

۲۷. اوراس کی آمیزش تسنیم سے ہوگی

۲۸. یہ ایک ایسا عظیم الشان چشمہ ہوگا جس کے (پانی کے) ساتھ مقرب لوگ شراب پئیں گے

۲۹. بیشک مجرم لوگ (دنیا میں) ایمان والوں سے ہنسا کرتے تھے

۳۰. اور جب یہ ان کے پاس سے گزرتے تو وہ آپس میں آنکھیں مار مار کر ان کی طرف اشارہ کیا کرتے تھے

۳۱. اور جب یہ لوگ لوٹتے اپنے گھروں کو تو وہاں بھی (انہی کی باتوں سے) دل لگیاں کرتے

۳۲. اور جب وہ ان کو دیکھتے تو کہتے کہ یہ لوگ تو بالکل ہی بھکے ہوئے لوگ ہیں

۳۳. حالانکہ یہ ان پر کوئی نگراں بنا کر نہیں بھیجے گئے تھے

۳۴. پس آج وہ لوگ جو ایمان لائے تھے ان کفار پر ہنس رہے ہوں گے

۳۵. اونچی اونچی مسندوں پر بیٹھے (ان کا حال اپنی آنکھوں سے) دیکھ رہے ہوں گے

۳۶. کیا مل گیا کافروں کو بدلہ اپنی ان حرکتوں کا جو وہ کیا کرتے تھے؟

***

# ۸۴۔ الانشقاق

بِسۡمِ اللّٰہِ الرَّحۡمٰنِ الرَّحِیۡمِ

اللہ کے نام سے جو رحمان ورحیم ہے

ا. جب پھٹ پڑے گا آسمان (کا یہ عظیم الشان نیلگونی چھت)

۲. اور وہ تعمیل کرے گا اپنے رب کے حکم کی اور یہی اس کے لائق بھی ہے

۲. اور جب پھیلا دیا جائے گا زمین (کے اس عظیم الشان کرے) کو

۴. اور وہ باہر نکال کر پھینک دے گی وہ سب کچھ جو کہ اس کے اندر ہے اور وہ بالکل خالی ہو جائے گی

۵. اور یہ پوری طرح بجالائے گی حکم اپنے رب کا اور یہی اس کے لائق بھی ہے

٦. اے انسان تو یقیناً کشاں کشاں جا رہا ہے اپنے رب کی طرف سو (تو مان یا نہ مان بہر کیف) تجھے آخر کار اس سے ملنا ہے

۷. پھر جس کو دیا گیا اس کا نامہ اعمال اس کے داہنے ہاتھ میں

۸. تو اس سے بڑا ہی آسان (اور برائے نام سا) حساب لیا جائے گا

۹. اور وہ (حساب سے فراغت کے بعد) لوٹے گا اپنوں کی طرف خوش باش

۱۰. اور جس کو دیا گیا اس کا نامہ اعمال اس کی پیٹھ کے پیچھے سے

۱۱. تو وہ (رہ رہ کر) پکارے گا موت کو

۱۲. اور اسے بہر حال داخل ہونا ہوگا (دوزخ کی دہکتی) بھڑکتی آگ میں

۱۲. بیشک یہ (دنیا میں) اپنے لوگوں میں مست و مگن رہا کرتا تھا

۱۴. اس نے تو یہ سمجھ رکھا تھا کہ اس نے کبھی (ہمارے پاس) لوٹ کر آنا ہی نہیں

۱۵. کیوں نہیں اس کا رب تو اسے ہر حال میں دیکھ رہا تھا

۱۶. پس نہیں میں قسم کھاتا ہوں شفق کی

۱۷. اور رات کی اور ان تمام چیزوں کی جن کو وہ سمیٹ لیتی ہے (اپنی سیاہ چادر میں)

۱۸. اور چاند کی جب کہ وہ پورا ہو جاتا ہے

۱۹. تم لوگوں کو ضرور بالضرور (اور درجہ بدرجہ) ایک حالت سے دوسری حالت کی طرف بڑھتے اور چڑھتے چلے جانا ہے

۲۰. پھر ان لوگوں کو کیا ہو گیا کہ یہ ایمان نہیں لاتے

۲۱. اور جب ان کے سامنے قرآن پڑھا جاتا ہے تو یہ سجدہ ریز نہیں ہوتے (اپنے رب کے حضور)

۲۲. بلکہ یہ لوگ تو الٹا جھٹلاتے ہی جاتے ہیں

۲۲. اور اللہ کو خوب معلوم ہے وہ سب کچھ جو یہ جمع کرتے ہیں

۲۴. سو خوشخبری سنا دو ان کو ایک بڑے ہی دردناک عذاب کی

۲۵. بجز ان (خوش نصیبوں) کے جو ایمان لائے (صدق دل سے) اور انہوں نے کام بھی نیک کیے کہ ان کے لئے ایک ایسا عظیم الشان اجر ہے جو کبھی ختم نہیں ہو گا

***

# ۸۵۔ البروج

بِسۡمِ اللّٰہِ الرَّحۡمٰنِ الرَّحِیۡمِ

اللہ کے نام سے جو رحمان و رحیم ہے

۱. قسم ہے برجوں والے آسمان کی

۲. اور اس دن کی جس کا وعدہ کیا گیا ہے

۳. اور قسم ہے شاہد اور مشہود کی

۴. مارے گئے ان خندقوں والے

۵. جن میں سخت دہکتے (بھڑکتے) ایندھن کی آگ تھی

۶. جب کہ وہ ان (کے کناروں) پر بیٹھے ہوئے تھے

۷. اور وہ ان ایمانداروں کے ساتھ جو کچھ کر رہے تھے اسے دیکھ رہے تھے

۸. اور انہوں نے ان مسلمانوں میں کوئی عیب نہیں پایا سوائے اس کے کہ وہ ایمان لے آئے تھے اس اللہ پر جو کہ بڑا ہی زبردست سب خوبیوں کا مالک ہے

۹. وہ کہ اسی کے لئے ہے بادشاہی آسمانوں اور زمین کی اور اللہ ہر چیز سے پوری طرح آگاہ ہے

۱۰. بلا شبہ جن لوگوں نے ظلم و ستم ڈھایا ایماندار مردوں اور ایماندار عورتوں پر پھر انہوں نے توبہ بھی نہیں کی (اپنے اس جرم سے) تو ان کے لیے جہنم کا عذاب ہے اور مزید یہ کہ ان کے لئے (وہاں خاص طور پر) جلائے جانے کا عذاب ہے

۱۱. (اس کے بر عکس) جو لوگ ایمان لائے اور انہوں نے (اس کے مطابق) نیک کام بھی کئے تو بلا شبہ ان کے لئے ایسی عظیم الشان جنتیں ہیں جن کے نیچے سے بہہ رہی ہوں گی طرح طرح کی نہریں یہ ہے بڑی کامیابی

۱۲. بلا شبہ تمہارے رب کی پکڑ بڑی ہی سخت ہے

۱۲. بلا شبہ وہی پہلی بار پیدا کرتا ہے اور وہی دوبارہ پیدا کرے گا

۱۴. اور وہ بڑا ہی بخشنے والا بھی ہے اور انتہائی محبت کرنے والا بھی

۱۵. عرش کا مالک بڑی ہی شان والا

۱۶. جو کچھ چاہے کر ڈالنے والا ہے

۱۷. کیا آپ کے پاس حال پہنچا (اے پیغمبر!) ان لشکروں کا؟

۱۸. یعنی فرعون اور ثمود کا؟

۱۹. جن لوگوں نے کفر (کی گندگی) کو اپنا رکھا ہے وہ جھٹلانے ہی میں لگے ہوئے ہیں

۲۰. اور اللہ نے ان کو ہر طرف سے گھیرے میں لے رکھا ہے

۲۱. (اور یہ کوئی جھٹلانے کی چیز نہیں) بلکہ یہ تو ایک بڑا ہی عظمت والا قرآن ہے

۲۲. لوح محفوظ میں نقش ہے

***

# ۸۶۔ الطارق

بِسْمِ اللّٰهِ الرَّحْمٰنِ الرَّحِیْمِ

اللہ کے نام سے جو رحمان ور حیم ہے

۱. قسم ہے آسمان کی اور رات کو آنے والے کی

۲. اور تم کیا جانو کیا ہے وہ رات کو آنے والا؟

۳. وہ چمکتا ہوا ستارہ ہے

۴. کوئی جان ایسی نہیں جس پر ایک نگہبان مقرر نہ ہو

۵. پس انسان کو اسی میں غور کر لینا چاہے کہ وہ خود کس چیز سے پیدا کیا گیا ہے؟

۶. اس کو ایک ایسے اچھلتے پانی سے پیدا کیا گیا ہے

۷. جو نکلتا ہے (انسان کی) پیٹھ اور سینے کی ہڈیوں کے درمیان سے

۸. بلاشبہ وہ اس کو دوبارہ پیدا کرنے پر بھی پوری طرح قادر ہے

۹. جس دن جانچ پڑتال کی جائے گی چھپی باتوں کی

۱۰. پھر انسان کو (اپنے بچاؤ کے لیے) نہ تو خود اپنی کوئی طاقت ہوگی اور نہ ہی کوئی
دوسرا اس کا مددگار ہوگا

۱۱. قسم ہے آسمان کی جو کہ بارش برساتا ہے

۱۲. اور قسم ہے زمین کی جو کہ پھٹ جاتی ہے

۱۳. بلاشبہ یہ (قرآن) قطعی طور پر ایک فیصلہ کن کلام ہے

۱۴. اور یہ کوئی ہنسی مذاق نہیں ہے

۱۵. (مگر پھر بھی) یہ لوگ (اس کے خلاف) طرح طرح کی چالیں چل رہے ہیں

۱۶. اور میں اپنی چال چل رہا ہوں

۱۷. پس چھوڑ دو ان کافروں کو (ان کے حال پر) اور مہلت دے دو ان کو تھوڑی سی مہلت

***

# ۸۷۔ الأعلیٰ

بِسْمِ اللّٰهِ الرَّحْمٰنِ الرَّحِيْمِ

اللہ کے نام سے جو رحمان ورحیم ہے

۱. تسبیح کروا پنے رب کے نام (پاک) کی جو سب سے بلند شان والا ہے

۲. جس نے (ہر چیز کو) پیدا کیا پھر (اسے ٹھیک) بنایا

۲. جس نے ایک خاص اندازے پر رکھا (ہر چیز کو) پھر اس نے اسے راہ دکھائی

۴. اور جس نے (زمین سے) طرح طرح کی نباتات کو نکالا

۵. پھر (وقت آنے پر) اس کو سیاہ کوڑا بنا دیا

۶. ہم خود ہی آپ کو پڑھائیں گے (اے پیغمبر اور اس طور پر کہ) آپ کبھی (اس میں سے کچھ) بھولیں گے نہیں

۷. مگر جو اللہ چاہے بلا شبہ وہ (ایک برابر) جانتا ہے کھلی بات کو اور اس کو بھی جو پوشیدہ ہو

۸. اور ہم آسانی سے دے دیں گے آپ کو (شریعت مقدسہ کی) اس آسان راہ کی

۹. پس آپ یاددہانی کراتے رہیں اگر یاددہانی سے نفع ہو

۱۰. وہ شخص ضرور نصیحت قبول کرے گا جو ڈرتا ہے (اپنے خدا اور آخرت کی پکڑ سے)

۱۱. اور گریز (و روگردانی) کرے گا اس سے وہ سب بڑا بد بخت،

۱۲. جس نے داخل ہونا ہے (دوزخ کی) اس سب سے بڑی آگ میں

۱۲. پھر وہاں نہ تو وہ مرے گا نہ جئے گا

۱۴. یقیناً فلاح پا گیا وہ شخص جس نے پاکیزگی اختیار کی

۱۵. اور وہ اپنے رب کا نام لیتا اور نماز پڑھتا رہا

۱۶. مگر تم لوگ تو دنیا کی زندگی کو ہی ترجیح دیتے ہو

۱۷. حالانکہ آخرت اس سے کہیں بڑھ کر اچھی بھی ہے اور سدا باقی رہنے والی بھی

۱۸. بلاشبہ یہ مضمون پہلے صحیفوں میں بھی آچکا ہے

۱۹. یعنی ابراہیم اور موسیٰ کے صحیفوں میں

***

# ۸۸۔ غاشیہ

بِسۡمِ اللّٰہِ الرَّحۡمٰنِ الرَّحِیۡمِ

اللہ کے نام سے جو رحمان و رحیم ہے

۱. کیا پہنچی ہے آپ کے پاس خبر اس (سب پر) چھا جانے والی آفت کی ؟

۲. کتنے ہی چہرے اس روز ذلیل و خوار ہوں گے

۳. مشقت اٹھانے والے تھکے ماندے ہوں گے

۴. انہیں داخل ہونا ہوگا ایک بڑی ہی ہولناک دہکتی آگ میں

۵. اور ان کو پانی پلایا جائے گا ایک نہایت ہی کھولتے چشمے سے

۶. ان کے لیے کھانے کی کوئی چیز نہ ہوگی سوائے ایک ایسی خاردار سوکھی گھاس کے

۷. جو نہ موٹا کرے اور نہ بھوک سے ہی کچھ کام آئے

۸. (اور) کتنے ہی چہرے اس دن ہشاش بشاش (اور بارونق) ہوں گے

۹. وہ اپنی کارگزاری پر خوش ہوں گے

۱۰. وہ ایسی بلند مرتبہ جنت میں ہوں گے

۱۱. جس میں وہ کوئی بے ہودہ بات سننے نہ پائیں گے

۱۲. اس میں (طرح طرح کے) عظیم الشان چشمے رواں ہوں گے

۱۳. اونچی اونچی مسندیں سجی ہوں گی

۱۴. قسما قسم کے ساغر دھرے ہوں گے

۱۵. عمدہ قسم کے گاؤ تکیے قطار اندر قطار لگے ہوں گے

۱۶. اور بیش قیمت قالین بچھے ہوں گے

۱۷. تو کیا یہ لوگ (اپنے سامنے چلتے پھرتے ان) اونٹوں کو نہیں دیکھتے کہ انہیں کس طرح پیدا کیا گیا؟

۱۸. اور (اپنے اوپر تنے ہوئے) اس آسمان کی طرف نگاہ نہیں کرتے کہ اس کو کس طرح اٹھایا گیا ہے؟

۱۹. اور (اپنے ارد گرد پیش پھیلے ہوئے) ان پہاڑوں کو نہیں دیکھتے کہ کس طرح ان کو جما دیا گیا؟

۲۰. اور (اپنے پیش پا افتادہ) اس زمین کو نہیں دیکھتے کہ کس طرح اس کو بچھا دیا گیا؟

۲۱. سو آپ نصیحت کیے جائیں کہ آپ کا کام تو نصیحت کر دینا ہے (اور بس)

۲۲. آپ ان پر کوئی داروغے نہیں ہیں (کہ انہیں منوا کر چھوڑیں)

۲۲. ہاں مگر (اتنی بات ضرور ہے کہ) جو کوئی روگردانی اور کفر ہی کیے جائے گا

۲۴. تو اس کو اللہ مبتلا کرے گا (اس کے اپنے کیے کی پاداش میں) اس سب سے بڑے (اور ہولناک) عذاب میں

۲۵. بلاشبہ ان سب کو ہماری ہی طرف آنا ہے لوٹ کر

۲۶. پھر بلاشبہ ہمارے ہی ذمے ہے حساب لینا ان سب کا

***

# ۸۹۔ الفجر

بِسۡمِ اللّٰہِ الرَّحۡمٰنِ الرَّحِیۡمِ

اللہ کے نام سے جو رحمان و رحیم ہے

۱. قسم ہے فجر کی

۲. اور دس راتوں کی

۳. اور جفت اور طاق کی

۴. اور رات کی جب کہ وہ رخصت ہونے لگے

۵. کیا ان چیزوں میں عظیم الشان قسم (نہیں) ہے عقل مند کے لئے؟

۶. کیا تم نے دیکھا نہیں کہ کیسا معاملہ کیا تمہارے رب نے عاد کی (باغی و سرکش) قوم کے ساتھ؟

۷. یعنی ستونوں والے ان عاد ارم کے ساتھ؟

۸. جن کے مانند کوئی دوسری قوم پیدا نہیں کی گئی تھی (دوسرے) ملکوں میں

۹. اور قوم ثمود کے ساتھ جنہوں نے تراشا چٹانوں کو (داستان عبرت سنانے والی) اس وادی میں

۱۰. اور میخوں والے فرعون (جیسے سرکش) کے ساتھ

۱۱. ان سب نے سرکشی کی (اپنے رب کے مقابلے میں) ان ملکوں میں

۱۲. انہوں نے بڑا ہی فساد پھیلایا تھا ان میں

۱۲. آخر کار برسا دیا تمہارے رب نے ان پر کوڑا عذاب کا

۱۴. بیشک تمہارا رب گھات میں ہے (ایسے باغیوں اور سرکشوں کے لیے)

۱۵. پھر (اس مادہ پرست) انسان کا حال یہ ہے کہ جب اس کا رب اس کو کسی عزت سے نوازتا ہے اور اس کو کوئی نعمت بخشتا ہے تو یہ (اس سے پھول کر اور مست ہو کر) کہتا ہے کہ رب نے مجھے عزت دے دی

۱۶. اور جب اسے آزمانے کو وہ اس کی روزی اس پر تنگ کر دیتا ہے تو یہ (اس کے سب احسانات کو بھول کر) کہتا ہے کہ میرے رب نے مجھے خوار کر دیا

۱۷. ہر گز نہیں بلکہ تم لوگ نہ تو یتیم کے ساتھ عزت کا سلوک کرتے ہو

۱۸. اور نہ ہی مسکین کو کھانا کھلانے کے ترغیب دیتے ہو

۱۹. اور تم میراث (کا مال) کھاتے ہو سمیٹ سمیٹ کر

۲۰. اور تم لوگ بری طرح جکڑے ہوئے ہو مال دنیا کی محبت میں

۲۱. ہر گز نہیں جب زمین کو کوٹ کر ریزہ ریزہ کر دیا جائے گا

۲۲. اور جلوہ فرما ہو گا تمہارا رب اس حال میں کہ فرشتے کھڑے ہوں گے صف در صف

۲۲. اور کھینچ لایا جائے گا اس روز دوزخ کو اور خوب سمجھ جائے گا اس روز انسان (حق اور حقیقت کو) مگر کہاں کام آسکے گا اس کو (اس روز کا) وہ سمجھنا

۲۴. (اس روز وہ مارے حسرت و افسوس کے) کہے گا اے کاش میں نے آگے بھیجا ہوتا (کچھ سامان) اپنی زندگی کے لئے

۲۵. سواس روز نہ تو اس (وحدہٗ لاشریک) کے عذاب جیسا کوئی عذاب دے سکے گا

۲۶. اور نہ ہوئی کوئی جکڑ سکے گا اس کے جکڑنے جیسا

۲۷. (دوسری طرف ارشاد ہوگا) اے اطمینان والی جان

۲۸. لوٹ جا تو اپنے رب کی طرف اس حال میں کہ تو اس سے راضی وہ تجھ سے راضی

۲۹. پس شامل ہو جا تو میرے بندوں میں

۲۰. اور داخل ہو جا تو میری جنت میں

***

# ۹۰۔ البلد

بِسۡمِ اللّٰہِ الرَّحۡمٰنِ الرَّحِیۡمِ

اللہ کے نام سے جو رحمان و رحیم ہے

۱. نہیں میں قسم کھاتا ہوں اس شہر کی

۲. درآنحالیکہ آپ اس میں تشریف فرما ہیں

۳. اور میں قسم کھاتا ہوں باپ کی اور اس کی سب اولاد کی

۴. بلاشبہ ہم نے پیدا کیا انسان کو بڑی مشقت میں (گھرا ہوا)

۵. کیا اس نے یہ سمجھ رکھا ہے کہ اس پر بس نہیں چلے گا کسی کا؟

۶. کہتا ہے میں نے ڈھیروں مال اڑا دیا

۷. کیا اس نے یہ سمجھ رکھا ہے کہ کسی نے دیکھا نہیں اس کو (اور اس کے کرتوتوں کو؟)

۸. کیا ہم نے اسے دو آنکھیں نہیں دیں؟

۹. اور کیا ہم نے اس کو ایک زبان اور دو ہونٹ نہیں عطا کئے؟

۱۰. اور کیا ہم نے اس کو بتا نہیں دیئے (پوری صراحت و وضاحت سے خیر و شر) کے دونوں راستے؟

۱۱. مگر اس نے ہمت نہ کی (حق و صداقت کی) اس دشوار گزار گھاٹی سے گزرنے کی

۱۲.　اور تم کیا جانو کہ کیا ہے وہ دشوار گزار گھاٹی ؟

۱۲.　وہ چھڑا دینا ہے کسی گردن کو (غلامی کے بندھن سے)

۱۴.　یا کھانا کھلا دینا ہے بھوک کے دن میں

۱۵.　کسی قریبی یتیم کو

۱۶.　یا کسی خاک نشین محتاج کو

۱۷.　پھر وہ ہو بھی ان لوگوں میں سے جو ایمان رکھتے ہیں (تمام غیبی حقائق پر) اور وہ آپس میں ایک دوسرے کو (فہمائش و) تلقین کرتے ہیں صبر (و استقامت) کی اور وہ (فہمائش و) تلقین کرتے ہیں رحم (و کرم) کی

۱۸.　یہی لوگ ہیں دائیں بازو والے

۱۹.　اور (اس کے برعکس) جو لوگ کفر (و انکار) کرتے ہیں ہماری آیتوں کا یہی ہیں بائیں ہاتھ والے (بدبخت)

۲۰.　ان پر مسلط ہو گی ایک ایسی ہولناک آگ جس کو ان پر موندھ دیا گیا ہو گا (اوپر سے)

***

# ۹۱۔ الشمس

بِسۡمِ اللّٰہِ الرَّحۡمٰنِ الرَّحِیۡمِ

اللہ کے نام سے جو رحمان و رحیم ہے

۱. قسم ہے سورج کی اور اس کی دھوپ کی
۲. اور قسم ہے چاند کی جب کہ وہ اس کے پیچھے آتا ہے
۳. اور دن کی جب کہ وہ اسے خوب روشن کر دیتا ہے
۴. اور رات کی جب کہ وہ اسے ڈھانک لیتی ہے
۵. اور قسم ہے آسمان کی اور اس ذات کی جس نے اس کو بنایا
۶. اور زمین کی اور اس ذات کی جس نے اس کو بچھایا
۷. اور قسم ہے نفس انسانی کی اور اس ذات کی جس نے اس کو درست کیا
۸. پھر اس نے الہام کر دیا اس کو اس کی بدی اور پرہیزگاری کا
۹. یقیناً فلاح پا گیا وہ جس نے پاک کر لیا اپنی جان کو
۱۰. اور یقیناً ناکام (و نامراد) ہو گیا وہ جس نے دھنسا (و دبا) دیا اس کو
۱۱. جھٹلایا قوم ثمود نے اپنی سرکشی کی بناء پر
۱۲. جب کہ بپھر کر اٹھ کھڑا ہوا ان کا سب سے بڑا بدبخت شخص

۱۲. سو کہہ دیا تھا ان سے اللہ کے رسول نے کہ (خیال رکھنا اور) بچ کر رہنا اللہ کی اونٹی اور اس کے پانی پینے کی باری سے

۱۴. مگر انہوں نے جھٹلا دیا اپنے پیغمبر کو اور ہلاک کر ڈالا اس اونٹنی کو سو تباہی نازل فرما دی ان پر ان کے رب نے ان کے گناہ کی پاداش میں اور پیوند خاک کر دیا اس نے ان کو (ہمیشہ ہمیشہ کے لئے)

۱۵. اور وہ ڈرتا نہیں اپنے کیے کے انجام سے

***

# ۹۲۔ اللیل

بِسۡمِ اللّٰہِ الرَّحۡمٰنِ الرَّحِیۡمِ

اللہ کے نام سے جو رحمان و رحیم ہے

١. قسم ہے رات کی جب کہ وہ چھا جائے

٢. اور دن کی جب کہ وہ روشن ہو جائے

٢. اور اس ذات کی جس نے پیدا فرمایا نر اور مادہ کو

٤. بیشک تمہاری کوششیں (اے لوگو!) یکسر مختلف ہیں

٥. سو جس نے دیا (اپنے خالق و مالک کی رضا کے لئے) اور وہ ڈرتا (اور بچتا) رہا (اس کی گرفت و پکڑ سے)

٦. اور اس نے تصدیق کی (دین و ایمان کی) اس بڑائی بھلائی کی

٧. تو اس کے لیے ہم ضرور آسانی مہیا کر دیں گے اس بڑے (اور عظیم الشان) آسان راستے کی

٨. اور جس نے بخل سے کام لیا اور بے نیازی برتی (اپنے رب سے)

٩. اور اس نے جھٹلایا (دین و ایمان کی) اس بڑی بھلائی کو

١٠. تو ہم اس کو آسانی مہیا کر دیں گے اس بڑے سخت راستے کی

١١. اور کچھ کام نہیں آسکے گا اس کو اس کا مال جب وہ ہلاکت کے گڑھے میں گرے گا

۱۲.　بلاشبہ ہمارے ذمہ (کرم پر) ہے راستہ بتانا (حق وہدایت کا اپنے بندوں کو)

۱۲.　اور یقیناً ہمارے ہی لئے (اور ہمارے ہی قبضہ قدرت میں) ہے آخرت بھی اور اس سے پہلے کی یہ دنیا بھی

۱۴.　سو میں نے خبر دار کر دیا ہے تم سب کو (اے لوگو! دوزخ کی اس) دہکتی بھڑکتی ہولناک آگ سے

۱۵.　جس میں داخل نہیں ہو گا مگر وہ سب سے بڑا بدبخت انسان

۱۶.　جس نے جھٹلایا (حق اور حقیقت کو) اور اس نے منہ موڑ لیا (راہ حق وصواب سے)

۱۷.　اور دور (اور محفوظ) رکھا جائے گا اس (دہکتی بھڑکتی ہولناک آگ) سے اس بڑے پرہیزگار کو

۱۸.　جو دیتا ہے اپنا مال (راہ حق میں) تاکہ وہ پاک ہو جائے (نفس کے رزائل سے)

۱۹.　اور کسی کا اس پر کوئی ایسا احسان نہیں جس کا اسے بدلہ دینا ہو

۲۰.　وہ صرف اپنے اس رب کی رضا کے لئے دیتا ہے جو سب سے برتر ہے

۲۱.　اور وہ ضرور اس سے راضی ہو گا

***

# ۹۳۔ الضحیٰ

بِسۡمِ اللّٰہِ الرَّحۡمٰنِ الرَّحِیۡمِ

اللہ کے نام سے جو رحمان و رحیم ہے

۱. قسم ہے روز روشن کی

۲. اور رات کی جب کہ وہ چھا جائے

۳. نہ تو چھوڑا ہے آپ کو آپ کے رب نے (اے پیغمبر!) اور نہ ہی وہ آپ ﷺ
سے ناراض ہوا ہے

۴. اور یقیناً پچھلی حالت آپ کے لئے بہتر ہے پہلی حالت سے

۵. اور یقیناً آپ ﷺ کا رب آپ ﷺ کو (وہ کچھ) دے گا کہ آپ ﷺ خوش ہو
جائیں گے

۶. کیا یہ حقیقت نہیں کہ اس نے پایا آپ کو یتیم پھر ٹھکانا دیا؟

۷. اور پایا آپ کو ناواقف راہ پھر ہدایت بخشی

۸. اور آپ کو تنگ دست پایا پھر مالدار کر دیا

۹. پس آپ یتیم پر سختی نہ کرنا

۱۰. اور سوال کرنے والے کو جھڑکنا نہیں

۱۱. اور ذکر (و بیان) کرتے رہنا اپنے رب کی نعمتوں کا

***

# ۹۴۔ الشرح

بِسۡمِ اللّٰہِ الرَّحۡمٰنِ الرَّحِیۡمِ

اللہ کے نام سے جو رحمان و رحیم ہے

۱. کیا ہم نے کھول نہیں دیا آپ صلی اللہ علیہ وآلہ وسلم کے لئے آپ صلی اللہ علیہ وآلہ وسلم کے سینے کو؟

۲. اور کیا ہم نے اتار نہیں دیا آپ صلی اللہ علیہ وآلہ وسلم سے آپ صلی اللہ علیہ وآلہ وسلم کا وہ بھاری بوجھ؟

۲. جو توڑے ڈال رہا تھا آپ کی کمر کو؟

۴. اور کیا ہم نے بلند نہیں کر دیا آپ کی خاطر آپ کے ذکر (و آوازہ) کو؟

۵. پس یقیناً تنگی (اور مشکل) کے ساتھ آسانی ہے

۶. یقیناً تنگی (اور مشکل) کے ساتھ آسانی ہے

۷. پس جونہی آپ فارغ ہوا کریں ریاضت میں لگ جایا کریں

۸. اور اپنے رب ہی کی طرف راغب (و رجوع) رہا کریں

★★★

# ۹۵۔ التین

بِسۡمِ اللّٰہِ الرَّحۡمٰنِ الرَّحِیۡمِ

اللہ کے نام سے جو رحمان و رحیم ہے

۱. قسم ہے انجیر کی اور زیتون کی

۲. اور طور سینا کی

۲. اور اس امن والے شہر (مکہ مکرمہ) کی

۴. بلاشبہ ہم نے انسان کو بڑی ہی عمدہ ساخت پر بنایا

۵. پھر ہم نے اس کو الٹا پھیر کر سب نیچوں سے نیچ کر دیا (اس کی اپنی غلط روش اور سوء اختیار کی بناء پر)

٦. سوائے ان (خوش نصیبوں) کے جو (صدق دل سے) ایمان لائے اور انہوں نے کام بھی نیک کیئے کہ ان کے لیئے ایک ایسا عظیم الشان اجر ہے جو کبھی ختم نہیں ہوگا

۷. سو کیا چیز ہے جو اس (قدر واضح بیان) کے بعد بھی تجھے (اے منکر انسان) جزا و سزا کے جھٹلانے پر آمادہ کرتی ہے

۸. کیا اللہ سب حاکموں سے بڑا حاکم نہیں ہے؟

***

# ۹۶۔ العلق

بِسۡمِ اللّٰهِ الرَّحۡمٰنِ الرَّحِیۡمِ

اللہ کے نام سے جو رحمان ورحیم ہے

۱. پڑھو اپنے اس رب کے نام کے ساتھ جس نے پیدا فرمایا ہے (اس ساری مخلوق کو)

۲. اس نے پیدا فرمایا انسان کو خون کی ایک حقیر قسم کی پھٹکی سے

۲. پڑھو اور آپ کا رب بڑا ہی کرم والا ہے

۴. جس نے سکھایا (پڑھایا انسان کو) قلم کے ذریعے

۵. اس نے سکھایا انسان کو وہ کچھ جو وہ نہیں جانتا تھا

۶. ہرگز نہیں بیشک انسان بڑا سرکش ہو جاتا ہے

۷. جب کہ وہ اپنے آپ کو غنی (اور بے نیاز) سمجھنے لگتا ہے

۸. بلاشبہ بالآخر لوٹنا (ہر کسی کو) بہرحال آپ کے رب ہی کی طرف ہے

۹. کیا تم نے دیکھا نہیں اس شخص کو جو روکتا ہے

۱۰. (اللہ تعالیٰ کے) ایک عظیم الشان بندے کو جب کہ وہ نماز پڑھتا ہے

۱۱. بھلا دیکھو تو سہی کہ اگر وہ (عظیم الشان بندہ) راہ راست پر ہو

۱۲. یا وہ (دوسروں کو) پرہیزگاری کی تعلیم و تلقین کرتا ہو

۱۳۔ بھلا دیکھو تو سہی اگر یہ شخص حق کو جھٹلاتا اور (اس سے) منہ موڑتا ہی چلا گیا

۱۴۔ کیا اسے یہ خبر نہیں کہ بیشک اللہ (سب کچھ جانتا) دیکھتا ہے؟

۱۵۔ ہرگز نہیں اگر وہ باز نہ آیا تو ہم اس کو ضرور گھسیٹیں گے اس کی پیشانی کے بالوں کے ذریعے

۱۶۔ ایسی پیشانی (کے بالوں) سے جو کہ جھوٹی خطا کار ہے

۱۷۔ سو (اس موقع پر) وہ ضرور بلا لے اپنے حامیوں کی ٹولی کو

۱۸۔ ہم بھی بلا لیں گے عذاب کے فرشتوں کو

۱۹۔ ہرگز نہیں اس کی بات نہیں ماننا اور سجدہ کرتے جاؤ (اپنے رب کے حضور اور اس کا) قرب حاصل کرتے جاؤ

***

# ۹۷۔ القدر

بِسۡمِ اللّٰہِ الرَّحۡمٰنِ الرَّحِیۡمِ

اللہ کے نام سے جو رحمان و رحیم ہے

۱. بلاشبہ ہم ہی نے اتارا ہے اس) قرآن حکیم (کو شب قدر میں

۲. اور تم کیا جانو کہ کیا ہے وہ شب قدر؟

۲. شب قدر ہزار مہینوں سے بھی بہتر ہے

۴. اس میں اترتے ہیں فرشتے اور روح اپنے رب کے اذن سے ہر (حکیمانہ) حکم لے کر

۵. وہ سراسر سلامتی ہے وہ طلوع فجر تک رہتی ہے (اپنی انہی رحمتوں اور برکتوں کے ساتھ)

***

# ۹۸۔ البینۃ

بِسۡمِ اللّٰہِ الرَّحۡمٰنِ الرَّحِیۡمِ

اللہ کے نام سے جو رحمان و رحیم ہے

۱. باز آنے والے نہیں تھے اہل کتاب کے کافر لوگ اور (دوسرے کھلے) مشرک (اپنے کفر و باطل سے) یہاں تک کہ آ جائے ان کے پاس (حق و باطل کو آخری حد تک واضح کر دینے والی) وہ کھلی دلیل

۲. یعنی اللہ کی طرف سے ایک ایسا عظیم الشان رسول جو کہ پڑھ کر سنائے (ان کو) ایسے عظیم الشان صحیفے جن کو پاک (و صاف) کر دیا گیا ہو (ہر طرح کے غل و غش سے)

۳. جن میں (ثبت و مندرج) ہوں عظیم الشان سیدھے اور درست مضامین

۴. اور تفرقے (اور اختلاف) کا ارتکاب نہیں کیا ان لوگوں نے جن کو کتاب دی گئی تھی مگر اس کے بعد کہ آ چکی تھی ان کے پاس (حق و ہدایت کو واضح کر دینے والی) وہ کھلی (سند اور) دلیل

۵. حالانکہ ان کو حکم نہیں دیا گیا تھا مگر اس بات کا کہ وہ عبادت (و بندگی) کریں صرف اللہ کی خالص کر کے اس کے لئے اپنے دین کو (ہر شائبہ شرک و ریا سے) یکسو ہو کر اور وہ نماز قائم کریں اور زکوٰۃ ادا کریں اور یہی ہے نہایت درست دین

۶.　بیشک جن لوگوں نے کفر کیا اہل کتاب میں سے اور (دوسرے کھلے) مشرک وہ سب جہنم کی آگ میں ہوں گے جس میں انہیں ہمیشہ رہنا ہوگا یہی لوگ ہیں بدترین مخلوق

۷.　(اس کے بر عکس) جو لوگ (صدق دل سے) ایمان لے آئے اور انہوں نے کام بھی نیک کیئے تو بلاشبہ یہی لوگ ہیں بہترین مخلوق

۸.　ان کا صلہ ان کے رب کے یہاں ہمیشہ رہنے کی ایسی عظیم الشان جنتیں ہیں جن کے نیچے سے بہہ رہی ہوں گی طرح طرح کی عظیم الشان نہریں جہاں ان (خوش نصیبوں) کو ہمیشہ ہمیش رہنا نصیب ہوگا اللہ راضی ہوگیا ان سے (اپنے کرم بے پایاں کی بناء پر) اور یہ راضی ہو گئے اس سے

★★★

# ۹۹۔ الزلزلۃ

بِسْمِ اللّٰہِ الرَّحْمٰنِ الرَّحِیْمِ

اللہ کے نام سے جو رحمان ورحیم ہے

١. جب ہلا دیا جائے گا زمین (کے اس عظیم الشان کرے) کو اس کے زبردست بھونچال سے

٢. اور وہ نکال باہر کردے گی اپنے (اندر کے) تمام بوجھ

٢. اور انسان کہے گا کہ کیا ہو گیا اس کو؟

٤. اس دن وہ بیان کردے گی اپنی تمام خبریں

٥. اس لئے کہ تمہارے رب نے اس کو حکم کیا ہو گا (ایسا کرنے کا)

٦. اس روز پلٹیں گے مختلف (گروہوں اور) جماعتوں کی شکل میں تاکہ ان کو دکھا دیئیے جائیں ان کے (زندگی بھر کے) عمل

٧. پھر جس نے ذرہ برابر کوئی نیکی کی ہوگی وہ اس کو خود دیکھ لے گا

٨. اور جس نے ذرہ برابر کوئی برائی کی ہوگی تو وہ بھی اس کو دیکھ لے گا

***

# ۱۰۰۔ العادیات

بِسۡمِ اللّٰہِ الرَّحۡمٰنِ الرَّحِیۡمِ

اللہ کے نام سے جو رحمان ورحیم ہے

۱. قسم ہے ان (گھوڑوں) کی جو دوڑتے ہیں ہانپتے ہوئے

۲. پھر وہ چنگاریاں جھاڑتے ہیں ٹاپ مار کر

۳. پھر وہ تاخت و تاراج کرتے ہیں صبح کے وقت

۴. پھر وہ اڑاتے ہیں اس موقع پر گردو غبار

۵. پھر وہ اسی حالت میں جا گھستے ہیں کسی لشکر میں

۶. بلاشبہ انسان بڑا ہی ناشکرا ہے اپنے رب کا

۷. اور وہ خود اس پر گواہ بھی ہے

۸. اور یقیناً یہ مال کی محبت میں بڑا سخت ہے

۹. تو کیا اس کو معلوم نہیں (ہولناکی اس وقت کی) کہ جب نکال باہر کیا جائے گا ان (مردوں) کو جو (پڑے ہیں) قبروں میں

۱۰. اور کھول کر رکھ دیا جائے گا وہ سب کچھ جو کہ (مخفی و مستور) ہوگا سینوں میں

۱۱. بلاشبہ ان کا رب اس دن ان سے پوری طرح باخبر ہوگا

***

# ۱۰۱۔ القارعۃ

بِسۡمِ اللّٰہِ الرَّحۡمٰنِ الرَّحِیۡمِ

اللہ کے نام سے جو رحمان و رحیم ہے

۱. وہ (دلوں کو) دہلا دینے والا واقعہ

۲. کیا ہے وہ دلوں کو دہلا دینے والا واقعہ ؟

۳. اور تم کیا جانو کہ کیا ہے وہ (دلوں کو) دہلا دینے والا واقعہ ؟

۴. جس دن ہو جائیں گے لوگ بکھرے ہوئے (پتنگوں اور) پروانوں کی طرح

۵. اور ہو جائیں گے (یہ دیو ہیکل و فلک بوس) پہاڑ رنگ برنگی دھنکی ہوئی اون (کے گالوں) کی طرح

۶. پھر جس کے (نیک اعمال کے) پلڑے بھاری ہوں گے

۷. وہ ایک عظیم الشان پسندیدہ گزران میں ہو گا

۸. اور جس کے (نیک اعمال) کے پلڑے ہلکے ہوں گے

۹. تو اس کا ٹھکانہ ہاویہ ہو گا

۱۰. اور تم کیا جانو کہ کیا چیز ہے وہ (ہاویہ) ؟

۱۱. وہ ایک بڑی ہی ہولناک دہکتی (بھڑکتی) آگ ہو گی

***

# ۱۰۲۔ التکاثر

بِسۡمِ اللّٰہِ الرَّحۡمٰنِ الرَّحِیۡمِ

اللہ کے نام سے جو رحمان و رحیم ہے

۱. غفلت میں ڈال دیا تم کو (اے لوگو!) بہتات کی حرص نے

۲. یہاں تک کہ تم (اسی تگ و دو میں) جا پہنچے قبروں تک

۳. ہر گز نہیں عنقریب تم لوگوں کو خود معلوم ہو جائے گا

۴. پھر (سن لو!) ہر گز نہیں عنقریب تم لوگوں کو خود معلوم ہو جائے گا

۵. ہر گز نہیں کاش کہ تم لوگ جان لیتے یقین کا جاننا (تو تمہارا حال ہر گز یہ نہیں ہوتا)

۶. تم یقیناً دیکھ کر رہو گے دوزخ (اور اس کی ہولناکیوں) کو

۷. پھر (سن لو!) تمہیں بہر حال دیکھنا ہے اس کو یقین کا دیکھنا

۸. پھر تم سے ضرور بالضرور پوچھ ہونی ہے اس دن ان نعمتوں کے بارے میں

***

# ۱۰۳۔ العصر

بِسۡمِ اللّٰہِ الرَّحۡمٰنِ الرَّحِیۡمِ

اللہ کے نام سے جو رحمان ورحیم ہے

۱. قسم ہے زمانے کی

۲. بلاشبہ انسان قطعی طور پر خسارے میں ہے

۳. سوائے ان لوگوں کے جو صدق دل سے ایمان لائے ہوں گے اور انہوں نے کام بھی نیک کیئے ہوں گے اور وہ ایک دوسرے کو حق کی نصیحت اور صبر کی تلقین بھی کرتے رہے ہوں گے

***

# ۱۰۴۔ الھمزۃ

بِسۡمِ اللّٰہِ الرَّحۡمٰنِ الرَّحِیۡمِ

اللہ کے نام سے جو رحمان ورحیم ہے

۱. بڑی خرابی (اور تباہی) ہے ہر ایسے شخص کے لیے جو خوگر (وعادی) ہو منہ در منہ طعن (وتشنیع) کا اور پیٹھ پیچھے عیب لگانے کا

۲. جو مال جوڑتا اور اس کو گن گن کر رکھتا ہے

۲. وہ سمجھتا ہے کہ اس کا مال اسے ہمیشہ رکھے گا

۴. ہرگز نہیں اسے ضرور بالضرور پھینکا جائے گا چکنا چور کر دینے والی (دوزخ کی) اس (نہایت ہی ہولناک) آگ میں

۵. اور تم کیا جانو کہ کیا ہے وہ چکنا چور کر دینے والی ہولناک آگ؟

۶. وہ اللہ کی آگ ہے جسے خوب بھڑکا کر رکھا گیا ہے

۷. جو جھانکتی ہوگی (دوزخیوں کے) دلوں تک

۸. اسے ان (بدبختوں) پر ہر طرف سے موندھ دیا گیا ہوگا

۹. لمبے لمبے ستونوں میں

***

# ۱۰۵۔ الفیل

بِسۡمِ اللّٰہِ الرَّحۡمٰنِ الرَّحِیۡمِ

اللہ کے نام سے جو رحمان و رحیم ہے

۱. کیا تم نے دیکھا نہیں کہ کیسا (ہولناک اور عبرت انگیز) برتاؤ کیا تمہارے رب نے ان ہاتھی والوں کے ساتھ؟

۲. کیا اس نے (بری طرح) اکارت نہیں کر دیا ان لوگوں کی (اس منحوس) چال کو

۲. اور بھیج دیئے اس نے ان پر پرندوں کے جھنڈ کے جھنڈ

۴. جو ان پر برسا رہے تھے خاص پتھر کھنگر کے

۵. سو اس نے ان سب کو (چورا چورا) کر دیا کھائے ہوئے بھوسے کی طرح

***

# ۱۰۶۔ قریش

بِسۡمِ اللّٰہِ الرَّحۡمٰنِ الرَّحِیۡمِ

اللہ کے نام سے جو رحمان ورحیم ہے

۱. چونکہ (اللہ تعالیٰ نے) قریش کو مانوس کر دیا

۲. یعنی ان کو مانوس کر دیا ان کے جاڑے اور گرمی کے (منافع بھرے) سفروں سے

۳. تو (اس کے شکر میں) ان کو چاہیے کہ یہ (صدق دل سے) بندگی کریں اس گھر کے رب کی

۴. جس نے ان کو کھانے کو دیا بھوک (کی اذیت) سے بچا کر اور ان کو امن (کی نعمت) سے نوازا خوف سے نکال کر

***

# ۱۰۷۔ الماعون

بِسۡمِ اللّٰہِ الرَّحۡمٰنِ الرَّحِیۡمِ

اللہ کے نام سے جو رحمان ورحیم ہے

۱. کیا تم نے دیکھا (نہیں) اس شخص کو جو جھٹلاتا ہے روزِ جزاء کو؟

۲. سو ایسا ہی شخص (بے رحمی اور بے دردی سے) دھکے دیتا ہے یتیم کو

۳. اور وہ (دوسروں کو بھی) ابھارتا نہیں مسکین کے کھانے پر

۴. پھر بڑی خرابی (اور ہلاکت) ہے ان نمازیوں کے لئے

۵. جو غافل (و بے خبر) ہیں اپنی نمازوں سے

۶. جو دکھلاوا کرتے ہیں اپنے کاموں میں

۷. اور وہ روکتے ہیں برتنے کی معمولی چیزوں کو

***

# ۱۰۸۔ الکوثر

**بِسۡمِ اللّٰہِ الرَّحۡمٰنِ الرَّحِیۡمِ**

اللہ کے نام سے جو رحمان و رحیم ہے

۱. بیشک ہم نے عطا کر دیا آپ ﷺ کو (اے پیغمبر!) کوثر

۲. پس آپ ﷺ اپنے رب ہی کے لئے نماز پڑھئیے اور (اسی کے نام کی) قربانی کیجئے

۳. بلاشبہ آپ کا دشمن ہی کٹا ہوا ہے (ہر خیر سے)

***

# ۱۰۹۔ الکافرون

بِسْمِ اللّٰهِ الرَّحْمٰنِ الرَّحِيْمِ

اللہ کے نام سے جو رحمان ورحیم ہے

۱. کہو (ان کفار سے کہ) اے کافرو؟

۲. میں کسی بھی قیمت پر عبادت (و بندگی) نہیں کر سکتا ان (معبودان باطلہ) کی جن کی عبادت (و بندگی) تم لوگ کرتے ہو

۳. اور نہ ہی تم (بحالت موجودہ) عبادت و بندگی کرنے والے ہو اس (معبود برحق) کی جس کی عبادت میں کرتا ہوں

۴. اور نہ ہی (آئندہ) میں عبادت کر سکتا ہوں ان کی جن کی عبادت تم لوگ کرتے ہو

۵. اور نہ تم عبادت کرنے والے ہو اس کی جس کی عبادت میں کرتا ہوں

۶. تمہارے لئے تمہارا دین ہے اور میرے لئے میرا دین

***

# ۱۱۰۔ النصر

بِسۡمِ اللّٰہِ الرَّحۡمٰنِ الرَّحِیۡمِ

اللہ کے نام سے جو رحمان ورحیم ہے

۱. جب آ جائے مدد اللہ کی اور وہ فتح (عظیم)

۲. اور آپ دیکھ لیں لوگوں کو (اے پیغمبر!) کہ وہ داخل ہو رہے ہیں اللہ کے دین میں فوج در فوج

۲. تو آپ اپنے رب کی تسبیح میں لگ جائیں اس کی حمد کے ساتھ اور اس سے بخشش مانگیں بیشک وہ بڑا ہی توبہ قبول کرنے والا ہے

۱. کہو میں پناہ مانگتا ہوں سب لوگوں کے رب کی

۲. سب لوگوں کے بادشاہ کی

۳. سب لوگوں کے معبود برحق کی

۴. اس بڑے وسوسہ ڈالنے والے کے شر سے جو بار بار پلٹ کر آتا ہے

۵. جو وسوسے ڈالتا ہے لوگوں کے دلوں میں

۶. خواہ وہ جنوں میں سے ہو یا انسانوں میں سے

۱. کہو میں پناہ مانگتا ہوں سب لوگوں کے رب کی

۲. سب لوگوں کے بادشاہ کی

۳۔ سب لوگوں کے معبود برحق کی

۴۔ اس بڑے وسوسہ ڈالنے والے کے شر سے جو بار بار پلٹ کر آتا ہے

۵۔ جو وسوسے ڈالتا ہے لوگوں کے دلوں میں

۶۔ خواہ وہ جنوں میں سے ہو یا انسانوں میں سے

***

# ۱۱۱۔ المسد

بِسۡمِ اللّٰہِ الرَّحۡمٰنِ الرَّحِیۡمِ

اللہ کے نام سے جو رحمان ورحیم ہے

۱. ٹوٹ گئے ابولہب کے دونوں ہاتھ اور وہ تباہ ہوگیا

۲. نہ تو اس کا مال ہی اس کے کچھ کام آسکا اور نہ ہی اس کی دوسری کمائی

۲. عنقریب ہی اس کو داخل ہونا ہوگا شعلے مارتی ہوئی ایک نہایت ہی ہولناک آگ میں

۴. اور اس کی بیوی کو بھی جو ایندھن اٹھائے پھرا کرتی تھی

۵. اس کے گلے میں ایک مضبوط رسی پڑی ہوگی مونجھ کی

★★★

# ۱۱۲۔ الاخلاص

بِسۡمِ اللّٰہِ الرَّحۡمٰنِ الرَّحِیۡمِ

اللہ کے نام سے جو رحمان و رحیم ہے

۱. کہو (ان سے اے پیغمبر!) کہ وہ اللہ ہے یکتا

۲. اللہ سب سے بے نیاز ہے اور باقی سب (ہر طرح سے اور ہمہ وقت) اس کے محتاج

۳. نہ اس کی کوئی اولاد ہے اور نہ وہ کسی کی اولاد ہے

۴. اور نہ کوئی اس کا (مساوی و) ہمسر ہے

***

# ۱۱۳۔ الفلق

بِسْمِ اللّٰهِ الرَّحْمٰنِ الرَّحِيْمِ

اللہ کے نام سے جو رحمان ورحیم ہے

۱. کہو (اے پیغمبر!) میں پناہ مانگتا ہوں نمودار کرنے والے رب کی

۲. ہر اس چیز کے شر سے جو اس نے پیدا فرمائی ہے

۲. اور اندھیری رات کے شر سے جب کہ وہ چھا جائے

۴. اور گروہوں میں پھونکیں مارنے والیوں یا (پھونکنے والوں) کے شر سے

۵. اور حسد کرنے والے کے شر سے جب کہ وہ حسد کرے

۱. کہو میں پناہ مانگتا ہوں سب لوگوں کے رب کی

۲. سب لوگوں کے بادشاہ کی

۳. سب لوگوں کے معبود برحق کی

۴. اس بڑے وسوسہ ڈالنے والے کے شر سے جو بار بار پلٹ کر آتا ہے

۵. جو وسوسے ڈالتا ہے لوگوں کے دلوں میں

۶. خواہ وہ جنوں میں سے ہو یا انسانوں میں سے

۱. کہو میں پناہ مانگتا ہوں سب لوگوں کے رب کی

۲. سب لوگوں کے بادشاہ کی

۳. سب لوگوں کے معبود برحق کی
۴. اس بڑے وسوسہ ڈالنے والے کے شر سے جو بار بار پلٹ کر آتا ہے
۵. جو وسوسے ڈالتا ہے لوگوں کے دلوں میں
۶. خواہ وہ جنوں میں سے ہو یا انسانوں میں سے
۱. کہو میں پناہ مانگتا ہوں سب لوگوں کے رب کی
۲. سب لوگوں کے بادشاہ کی
۳. سب لوگوں کے معبود برحق کی
۴. اس بڑے وسوسہ ڈالنے والے کے شر سے جو بار بار پلٹ کر آتا ہے
۵. جو وسوسے ڈالتا ہے لوگوں کے دلوں میں
۶. خواہ وہ جنوں میں سے ہو یا انسانوں میں سے

\*\*\*

# ۱۱۴۔ الناس

**بِسۡمِ اللّٰہِ الرَّحۡمٰنِ الرَّحِیۡمِ**

اللہ کے نام سے جو رحمان ور رحیم ہے

۱.　کہو میں پناہ مانگتا ہوں سب لوگوں کے رب کی

۲.　سب لوگوں کے بادشاہ کی

۳.　سب لوگوں کے معبود برحق کی

۴.　اس بڑے وسوسہ ڈالنے والے کے شر سے جو بار بار پلٹ کر آتا ہے

۵.　جو وسوسے ڈالتا ہے لوگوں کے دلوں میں

۶.　خواہ وہ جنوں میں سے ہو یا انسانوں میں سے

***

تدوین اور ای بک کی تشکیل : اعجاز عبید